PRINCIPIOS PARA UNA VIDA VICTORIOSA

COLABORANDO CON DIOS PARA
TRANSFORMAR TU SER

Cary Palmón

Publicado por
Naciones Unidas en Cristo, Inc.
Tulsa, Oklahoma

© 2016 por Naciones Unidas en Cristo, Inc.
Reservados todos los derechos.

Todas las citas bíblicas de esta publicación han sido tomadas
de la Reina Valera 1960 (RVR60). Utilizado con permiso.

ISBN-13:978-1523771288
ISBN-10:1523771283

Impreso en los Estados Unidos.

Categoría: Vida Cristiana-Vida práctica

ÍNDICE

PRÓLOGO

Mi nueva vida con Cristo comenzó a la edad de 28 años. Vine a Él con un corazón roto, una vida destrozada, sin esperanzas ni futuro. ¡En un instante todo cambió! Lo recuerdo como si hubiese sido ayer. Su amor llenó mi ser, su perdón limpió mi alma y me transformó totalmente, restaurándome, dándome aliento para continuar viviendo y ¡hasta me dio nuevos sueños!

Al poco tiempo me di cuenta de que el estilo de vida que yo vivía estaba muy lejos de su plan para mi futuro. Supe que necesitaba educarme espiritualmente y transformar todas las ideas y patrones erróneos que traía de mi pasado, sustituyéndolos por las verdades que existen en la Palabra de Dios. Entonces comencé una trayectoria en busca de las respuestas que yo tanto ansiaba tener. Fue una búsqueda larga porque no encontraba ningún libro que me explicara todas las cosas que deseaba saber en una forma sencilla y a mi nivel.

Los años pasaron, me eduqué espiritualmente, mi vida fue transformada y Dios me dio la oportunidad de comenzar a trabajar en el ministerio: primero como pastora; luego como evangelista; y en los últimos años como conductora y productora ejecutiva de programas evangelísticos en la radio y la televisión. ¡Estos eran sueños tan imposibles que nunca me atreví a soñarlos, pero Dios me los obsequió!

Durante los años que he servido en el ministerio, he conocido a hombres y mujeres, que al igual que yo en ese entonces, también deseaban saber más acerca de Dios; de su Reino; de su voluntad; de cómo nos hizo; del poder de la oración; etcétera, para así transformar sus vidas utilizando los principios delienados en la Palabra de Dios. Y fue allí donde surgió el concepto de un libro que explicara y ayudara a estas personas a saber más acerca de distintos temas importantes que les interesaban, y a la vez, desarrollarse espiritualmente.

Así que si tú estás buscando respuestas a tus inquietudes espirituales, este libro es para ti. Te lo dedico con mucho cariño, y es mi oración que en estas páginas encuentres las respuestas que buscas; pero más que nada, que te des cuenta del gran amor que Dios tiene hacia ti y el bello futuro que te espera.

CAPÍTULO 1

La apertura del escenario.

El fundamento de los principios espirituales que traerán victoria a nuestras vidas comienza con la Biblia, la cual es la revelación de Dios para el hombre. Este es el instrumento que Dios diseñó para revelarse al hombre.

La Biblia tiene un tema principal y es la redención del pecado. Este un libro inspirado por el Espíritu Santo y contiene 66 divisiones. El Espíritu Santo inspiró por lo menos a 40 autores diferentes en un lapso de 1500 años. ¿Cómo recibían, los escritores de la Biblia, el mensaje? El Apóstol Pablo dijo que era por revelación y por inspiración:

"Pues ni yo lo recibí, ni lo aprendí de hombre, sino por revelación de Jesucristo." (Gal. 1: 11,12).

El significado de la palabra "revelación" es el acto de descubrir, inaugurar o revelar algo. El Espíritu Santo utilizó medios divinos para inspirar a muchos escritores, entre ellos pescadores; reyes; agricultores; un rabino; un doctor y muchos más. Escribieron sobre los grandes temas de Dios, del hombre, la moralidad, la salvación y la vida eterna. Sus escritos poseen una armonía que sería imposible sin la dirección unificadora de Dios.

"Toda Escritura es inspirada divinamente y útil para enseñar, para redargüir, para corregir, para instituir en justicia" (2 Tim. 3:16).

"Porque nunca la profecía fue traída por voluntad humana, sino que los santos hombres de Dios hablaron siendo inspirados por el Espíritu Santo" (2 Pedro 1:21).

¿Qué es lo que significa que fue "por inspiración"? El Espíritu de Dios fue quien guió y dirigió a los autores humanos que la escribieron, santos hombres de Dios, los cuales hablaron siendo inspirados por El Espíritu Santo. Es decir que ellos fueron movidos e impulsados por el Espíritu Santo.

La Biblia está dividida en dos secciones: El Antiguo Testamento que narra principalmente la historia del pueblo hebreo y el Nuevo Testamento que relata la vida, muerte y resurrección de Jesucristo; su mensaje. El Antiguo Testamento fue escrito en hebreo y arameo y el Nuevo Testamento fue escrito, en su mayor parte, en griego.

El Antiguo Testamento está compuesto de los cinco primeros libros, conocidos como el Pentateuco, que narran la creación del mundo; la historia del pueblo hebreo y las leyes. Luego le siguen los libros poéticos y los profetas. El Nuevo Testamento contiene Los Evangelios, el libro de Hechos que narra la historia del nacimiento de la Iglesia; las Epístolas (las cartas) y el último libro titulado Apocalipsis.

A continuación te voy a enumerar algunas de las pruebas del origen divino de la Palabra de Dios.

- La Biblia en sí es su propia prueba. Las profecías escritas en la Biblia han sido probadas. Con referencia a Jesucristo, existen más de 400 profecías que fueron cumplidas exactamente por Él.
- El testimonio del Espíritu Santo. Testifica en nosotros que es la Palabra de Dios. Este es el mismo Espíritu Santo que es el autor y Él lo confirmará con su poder.
- Durabilidad de la Biblia. Ha sobrevivido a través de los siglos. No existe libro escrito que haya tenido que enfrentarse a tanta oposición como la Biblia. Sin embargo, se ha multiplicado en número y en idiomas.Su mensaje tiene poder para transformar.
- El poder transformador de las Escrituras siempre ha sido una de las más fuertes evidencias de su origen divino. Su mensaje es

universal, su mensaje es actual y es el testimonio de Cristo.

- Su influencia cambió la historia. El efecto de su influencia ha sido los millones de vidas cambiadas al igual que el efecto en las naciones del mundo.
- Las investigaciones arqueológicas en la zona donde se desarrollaron los hechos narrados en la Biblia han tenido como resultado la comprobación de los hechos, lugares y personajes que aparecen citados en los diferentes libros que la componen.

El primer libro de la Biblia es el libro del Génesis y en él, el Espíritu Santo nos narra el comienzo de la raza humana. En el Génesis leemos el principio del universo, la creación, el surgimiento del hombre y el pecado. En realidad, se trata de la historia de la redención de Dios y el comienzo de los pactos. Es la palabra profética de que el Hijo del Hombre va a traer la redención a la tierra. Su autor es Moisés.

El relato de la creación señala a Dios como el creador de todo. Todo vino a la existencia por la Palabra de Dios. El Espíritu Santo se movía sobre la tierra esperando el lanzamiento de la Palabra hablada por Dios para crear. Los ateos preguntan: "¿De dónde vino Dios?". Para darles la respuesta tendríamos que hacer otra pregunta: "¿De dónde vino la materia?". Obviamente, algo no pudo aparecer de la nada; por lo tanto, algo siempre existió. Dios ha sido el que siempre existió y quien estableció el universo.

"Por la fe entendemos haber sido constituido el universo por la palabra de Dios, de modo que lo que se ve fue hecho de lo que no se veía" (Hebreos 11:3).

Dios creó el huerto del Edén con la intención de poner en él a su amada creación. Dios nos hizo a su imagen, sopló en nosotros su Espíritu y su esencia. Nosotros somos un espíritu que vive en un cuerpo y contamos con un alma.

El hombre fue creado para tener comunión con Dios. La mujer fue creada de la costilla del hombre, para colaborar con el hombre como una ayuda idónea y llevar a cabo los propósitos de Dios. Dios les dio autoridad en esta tierra para subyugar toda la creación y para que la tierra fuese una copia del cielo. Éste era el plan original de Dios y su deseo era que el huerto se extendiera por toda la tierra, con hombres y mujeres que lo amaran y fueran sus hijos por elección.

"Benditos vosotros de Jehová, Que hizo los cielos y la tierra. Los cielos son los cielos de Jehová; Y ha dado la tierra a los hijos de los hombres" (Salmo 115: 15, 16).

En medio del huerto, entre todos los árboles, había dos árboles. Uno era el árbol de la vida y el otro era el árbol de la ciencia (o conocimiento) del bien y del mal. Él les había advertido de no comer de ese árbol, porque en ese día, morirían. Esta sería la prueba para ver si ellos iban a escoger hacer la voluntad de Dios o la propia; porque al igual que los ángeles, Dios les había dado para que ejercitaran la libertad de elección.

> *"Y mandó Jehová Dios al hombre, diciendo: De todo árbol del huerto podrás comer; más del árbol de la ciencia del bien y del mal no comerás; porque el día que de él comieres, ciertamente morirás." (Génesis 2:16-17).*

Pero el enemigo de Dios, Satanás, a través de la serpiente, llenó la mente de la mujer con ideas de que para ella sería mejor si comiese del fruto prohibido, y le hizo dudar lo que Dios le había dicho. Dios les había advertido claramente que si comían de este árbol, morirían. Lo que es muy interesante es que esta es la forma en que opera Satanás, tratando de conseguir que dudes de lo que Dios ha dicho; y si recuerdas, así mismo le hizo a Jesús cuando lo tentó en el desierto. Trató de hacerle dudar de lo que Dios había dicho acerca de él con la frase *"si eres el hijo de Dios"*.

> *"¿Conque Dios os ha dicho: No comáis de todo árbol del huerto? Y la mujer respondió a la serpiente: Del fruto de los árboles del huerto podemos comer; pero del fruto del árbol que está en medio del huerto dijo Dios: No comeréis de él, ni le tocaréis, para que no muráis. Entonces la serpiente dijo a la mujer: No moriréis; sino que sabe Dios que el día que comáis de él, serán abiertos vuestros ojos, y*

seréis como Dios, sabiendo el bien y el mal." (Génesis 3:1 al 4).

Lamentablemente, Adán y la mujer cayeron en la trampa y ella comió del fruto del árbol y luego se lo dio a Adán. Inmediatamente experimentaron la apertura de sus ojos y se vieron desnudos y se sintieron avergonzados, por lo tanto se cubrieron con hojas de higuera. Al escuchar la voz de Dios que se paseaba por el huerto y prevenir su venida, se escondieron. Al ser confrontados por Dios, Adán culpa a Dios diciendo que la mujer que Él le dio, le hizo comer del fruto prohibido y la mujer a su vez, culpa a la serpiente.

Dios les había dicho que si comían del árbol prohibido ciertamente morirían. ***Lo que esto significaba era la separación total de Dios.*** Adán y Eva experimentaron inmediatamente la separación total de Dios al pecar. Y como consecuencia, el pecado eventualmente destruyó sus cuerpos.

En medio de ese huerto que había sido su hogar, ellos escuchan las terribles consecuencias de sus acciones, comenzando por la separación de Dios y la maldición de la serpiente, la cual fue condenada a arrastrarse sobre su vientre en la tierra. También escuchan, con gran dolor, que el resultado de sus acciones trajo maldición sobre la tierra, incluyendo su propia muerte física.

"Mas Jehová Dios llamó al hombre, y le dijo: ¿Dónde estás tú? Y él respondió: Oí tu voz en el huerto, y tuve miedo, porque estaba desnudo; y me escondí. Y Dios le dijo: ¿Quién te enseñó que estabas desnudo? ¿Has comido del árbol de que yo te mandé no comieses? Y el hombre respondió: La mujer que me diste por compañera me dio del árbol, y yo comí. Entonces Jehová Dios dijo a la mujer: ¿Qué es lo que has hecho? Y dijo la mujer: La serpiente me engañó, y comí. Y Jehová Dios dijo a la serpiente: Por cuanto esto hiciste, maldita serás entre todas las bestias y entre todos los animales del campo; sobre tu pecho andarás, y polvo comerás todos los días de tu vida. Y pondré enemistad entre ti y la mujer, y entre tu simiente y la simiente suya; ésta te herirá en la cabeza, y tú le herirás en el calcañar. A la mujer dijo: Multiplicaré en gran manera los dolores en tus preñeces; con dolor darás a luz los hijos; y tu deseo será para tu marido, y él se enseñoreará de ti. Y al hombre dijo: Por cuanto obedeciste a la voz de tu mujer, y comiste del árbol de que te mandé diciendo: No comerás de él; maldita será la tierra por tu causa; con dolor comerás de ella todos los días de tu vida. Espinos y cardos te producirá, y comerás plantas del campo. Con el sudor de tu rostro comerás el pan hasta que vuelvas a la tierra, porque de ella fuiste tomado; pues polvo eres, y al polvo volverás" (Génesis 3:9 al 19).

En este trágico momento, donde Adán y Eva se ven cara a cara con el resultado de sus acciones, Adán escucha la promesa de Dios referente a la simiente de la mujer, de la cual vendría un redentor, y de inmediato le cambia el nombre a la mujer (que hasta este momento era conocida como Varona) y pasa a llamarla Eva, que significa "la madre de todos los seres vivientes". Dios derrama la sangre de los animales para cubrir sus cuerpos con pieles, y con ello nos enseña que el redentor de la humanidad tendría que derramar su sangre divina para cubrir nuestros pecados.

¡Ya me imagino el dolor en el corazón de Dios al tener que expulsar a Adán y a Eva del huerto y verlos separados de Él! En su misericordia, Dios puso un ángel para guardar la entrada del huerto para que ellos no pudiesen regresar, comer del árbol de la vida y vivir para siempre en esta condición deplorable. El hombre y la mujer, creados a imagen de Dios, destinados a ser la autoridad en la tierra, habían perdido todo: se encontraban expulsados de su hogar: la tierra, los animales, no obedecían su voz; y ahora tenían un nuevo amo, Satanás –que los odiaba– porque veía en ellos la imagen de su enemigo, Dios. Desde ese momento en adelante, Satanás ejercitaría su terrible y cruel tiranía sobre la raza humana.

"Porque el que es vencido por alguno es hecho esclavo del que lo venció." (2 Pedro 2:19).

Sugerencia: Leer los tres primeros capítulos del Génesis, que explica en detalle todo lo mencionado.

ANOTACIONES

CAPÍTULO 2

Un Intercambio Divino

¿Qué pasó con Adán, como resultado de su pecado? El verdadero Adán, el hombre espiritual, murió ese día. La Biblia nos menciona tres muertes:.

- La muerte espiritual, que es la separación de Dios.
- La muerte física, que a su vez es la separación del espíritu del hombre de su cuerpo.
- La muerte eterna o muerte secundaria. Esta es la finalidad última del espíritu.

Adán experimentó el reverso del nuevo nacimiento. Él tenía vida pero recibió la muerte al pecar contra Dios. La raza humana ahora contaba con un nuevo dueño, Satanás, que la odiaba; pero ¿cómo podría Dios salvar a los hombres caídos?

Alguien tenía que pagar la pena por esta traición y satisfacer la justicia de Dios. El hombre necesitaba un mediador que pudiese cumplir los requisitos necesarios para que el hombre fuera perdonado y restaurado en su relación con Dios. La solución tenía que venir por parte de Dios, porque el hombre estaba en pecado y era incapaz de liberarse. Para ello se necesitaba un hombre libre, que no estuviese sujeto al dominio satánico.

¿Cuáles eran los requisitos necesarios para el redentor? Tenía que ser un hombre inocente, sin mancha de pecado, puro, uno a quien Satanás no tuviera ningún derecho legal a dominar. No existía uno capaz de llevar a cabo esta redención, por eso Dios escogió poner su semilla (la semilla incorruptible de la Palabra) en el vientre de una muchacha virgen, llamada María, evitando así la naturaleza del pecado. Jesucristo, el Hijo de Dios, es y era la única persona del universo que nos podía redimir. Él es todo lo que es Dios y todo lo que es el hombre. Él se despojó de su deidad para ser igual que un hombre y sería como fue el primer hombre, Adán, antes de la caída.

Cuando los ángeles anunciaron el nacimiento de Jesucristo en Mateo 1:22, lo llamaron Emmanuel, que significa "Dios con nosotros", es decir, el Verbo hecho carne. Jesucristo tuvo una preexistencia antes de venir a la tierra, como podemos leer a través del Antiguo Testamento, donde se manifestó en muchas ocasiones; y en los Evangelios Jesucristo revela la siguiente información acerca de sí mismo:

"yo de Dios he salido, y he venido." (Juan 8: 42).

"que había salido de Dios, y a Dios iba" (Juan 13: 3).

"yo salí de Dios" (Juan.16: 27).

La misión de Jesucristo era vivir una vida perfecta y triunfar sobre el pecado, donde el primer Adán fracasó. Su vida sería sin mancha ni defecto. Él no usó su poder como Dios para vivir como un hombre sin pecado. Él se despojó de sus derechos y recursos como deidad: ganó la victoria sobre Satanás, como un hombre ungido por Dios.

"Haya, pues, en vosotros este sentir que hubo también en Cristo Jesús, el cual, siendo en forma de Dios, no estimó el ser igual a Dios como cosa a que aferrarse, sino que se despojó a sí mismo, tomando forma de siervo, hecho semejante a los hombres; y estando en la condición de hombre, se humilló a sí mismo, haciéndose obediente hasta la muerte, y muerte de cruz. Por lo cual Dios también le exaltó hasta lo sumo, y le dio un nombre que es sobre todo nombre, para que en el nombre de Jesús se doble toda rodilla de los que están en los cielos, y en la tierra, y debajo de la tierra y toda lengua confiese que Jesucristo es el Señor, para gloria de Dios Padre." (Filipenses.2:5-11).

Cuando la Biblia dice que Cristo se hizo pecado significa que Dios lo reconoció como si fuera un pecador, aunque no lo era. En la cruz, Dios trató a Jesús como si Él personalmente hubiera cometido cada pecado de toda persona, en esta tierra, que en algún día creería en Él; aunque en realidad Jesucristo no había cometido ninguno. Eso es lo que significa **la sustitución**. Jesucristo, como nuestro sustituto, cargó nuestro castigo. Puedes leer a continuación, en Isaías 53, que Dios puso sobre Él el castigo por nuestros pecados, a pesar de que Él era el Hijo de Dios, sin pecado.

> *"Despreciado y desechado entre los hombres, varón de dolores, experimentado en quebranto; y como que escondimos de él el rostro, fue menospreciado, y no lo estimamos. Ciertamente llevó él nuestras enfermedades, y sufrió nuestros dolores; y nosotros le tuvimos por azotado, por herido de Dios y abatido. Mas él herido fue por nuestras rebeliones, molido por nuestros pecados; el castigo de nuestra paz fue sobre él, y por su llaga fuimos nosotros curados. Todos nosotros nos descarriamos como ovejas, cada cual se apartó por su camino; mas Jehová cargó en él el pecado de todos nosotros. Angustiado él, y afligido, no abrió su boca; como cordero fue llevado al matadero; y como oveja delante de sus trasquiladores, enmudeció, y no abrió su boca. Por cárcel y por juicio fue quitado; y su generación, ¿quién la contará? Porque fue cortado de la tierra de los vivientes, y por la rebelión de mi pueblo fue herido. Y se dispuso con los impíos su sepultura, mas con los ricos fue en su muerte; aunque nunca hizo maldad, ni hubo engaño en su boca. Con todo eso, Jehová quiso quebrantarlo, sujetándole a padecimiento. Cuando haya*

puesto su vida en expiación por el pecado, verá linaje, vivirá por largos días, y la voluntad de Jehová será en su mano prosperada. Verá el fruto de la aflicción de su alma, y quedará satisfecho; por su conocimiento justificará mi siervo justo a muchos, y llevará las iniquidades de ellos. Por tanto, yo le daré parte con los grandes, y con los fuertes repartirá despojos; por cuanto derramó su vida hasta la muerte, y fue contado con los pecadores, habiendo él llevado el pecado de muchos, y orado por los transgresores." (Isaías 53:3 al 12).

En esta cruz se realizó un intercambio divino. Jesucristo vino a pagar por todos nuestros pecados, y con su sacrificio no solo pagó por ellos sino que nos devolvió el derecho a recibir nuestro perdón, nuestra sanidad y nuestras bendiciones.

*"Cristo nos redimió de la maldición de la ley, **hecho por nosotros maldición** (porque está escrito: Maldito todo el que es colgado en un madero" (Gálatas 3:13).*

Vamos a analizar lo que nos enseña la Biblia, en el contexto de lo que Jesucristo tuvo que hacer por nosotros para perdonarnos, sanarnos, redimirnos y retirar todos los cargos contra nosotros:

"Despreciado y desechado entre los hombres; experimentado en quebranto; fue menospreciado". ¡Cuántos de nosotros hemos sido despreciados y desechados por otros! ¡Cuántos hemos experimentado el dolor del quebranto, la traición, el menosprecio! Cuando Jesús murió en la cruz, Él lo

hizo para que **tú** fueras sano del dolor de haber sido despreciado, desechado, quebrantado y menospreciado. Ahora tienes derecho a recibir tu sanidad del alma porque Cristo llevó a la cruz tu sufrimiento y dolor por esos desprecios y traiciones: *"el castigo de nuestra paz fue sobre él".*

"Llevó él nuestras enfermedades, y sufrió nuestros dolores,... por su llaga fuimos nosotros curados". Jesucristo sufrió en su cuerpo los horribles latigazos por parte de los romanos para que -mediante las llagas recibidas– Él pudiese pagar por tu sanidad física. La ciencia médica ha hecho un estudio de que solo existen 39 enfermedades básicas y que de ellas se derivan todas las otras. No es coincidencia que Jesucristo sufriera 39 latigazos, que representaban cada una de las enfermedades básicas que atacan al ser humano. El Apóstol Pedro confirma esto en 1 Pedro 2:24, donde dice que por sus heridas o llagas fuimos sanados.

"Angustiado él, y afligido, no abrió su boca", para que tú tengas la libertad de hablar, traer paz, restauración con tus palabras y predicar las buenas nuevas de Salvación.

"Por cárcel y por juicio fue quitado". Él fue entregado al juicio para que nosotros podamos ser salvos del juicio y que no puedan levantar ningún testimonio falso contra nosotros, tal como dice en *Isaías 54:17: "que ninguna arma forjada contra ti prosperará, y condenarás toda lengua que se levante contra ti en juicio".*

"Fue cortado de la tierra de los vivientes". Jesucristo murió a los 33 años de edad para que tú tengas una larga vida. *Salmo 91:16.*

"...le tuvimos por azotado, por herido de Dios y abatido, herido fue por nuestras rebeliones, molido por nuestros pecados, Jehová cargó en él el pecado de todos nosotros". En fin, todo lo que nos separaba de Dios, Jesucristo lo pagó para que nosotros podamos vivir sin el peso de la maldición.

"...el cual fue entregado por nuestras transgresiones, y resucitado para nuestra justificación" (Romanos 4:25).

Jesucristo fue entregado para pagar por nuestras faltas. El término **entregado** en este contexto es un término legal que se refiere al concepto del abandono judicial: cuando un criminal **es entregado a sufrir las plenas consecuencias de sus crímenes sin intervención para detener la severida**d. Cristo murió en nuestro lugar como **nuestro sustituto**. Así como Cristo murió por las consecuencias de nuestras transgresiones, él también rindió plena satisfacción a lo que la ley exigía, de tal manera que nuestras transgresiones ya no tienen consecuencias eternas para nosotros. La sangre derramada representaba **su** vida pura entregada por nosotros.

La resurrección de Jesucristo es el centro de nuestra fe. Si Él no hubiese resucitado de entre los muertos, entonces nuestra fe no tendría validez, ya que Jesucristo mismo declaró que resucitaría de entre los muertos al tercer día, demostrando que Él había triunfado sobre la muerte.

Los grandes historiadores de esa época estaban convencidos de la autenticidad de la resurrección. Sus escritos validan los relatos que están en la Biblia, reconociendo el impacto que este evento increíble tuvo sobre la gente de esa época. Después de que Él resucitó de entre los muertos, Jesucristo se apareció por lo menos diez veces a los que le conocían y a más de 500 personas a la misma vez. Estas apariciones no fueron alucinaciones. Jesucristo comió, habló con sus discípulos y hasta le dijo a Tomás que tocara su cuerpo resucitado.

La Iglesia nació en la misma ciudad donde Jesucristo fue públicamente crucificado y sepultado. La creencia en un Jesucristo resucitado tuvo que haber sido auténtica para haber impactado no solo a Jerusalén sino a todo el mundo. Todo aquel que cree que en verdad Jesucristo ha resucitado puede recibir el regalo de la vida eterna y experimentar una relación personal con él. Jesucristo es la única provisión de Dios para el pecador.

Dios ha cruzado el abismo que nos separa de Él al enviar a su Hijo, Jesucristo, a morir en la cruz por nosotros. Ahora nos toca a nosotros responder. Cada uno de nosotros tenemos que escoger. ¿Creemos que Jesucristo fue nuestro sustituto? ¿Creemos que Él es el hijo de Dios que murió por nosotros para darnos vida eterna? ¿Creemos que resucitó? Si tú lo crees, exprésaselo a Jesucristo y ábrele las puertas de tu corazón. Pídele perdón por tus pecados y recibe tu sustitución. Al hacer esto, pasarás de la muerte espiritual a la vida espiritual.

> *"Mas a todos los que le recibieron, a los que creen en su nombre, les dio potestad de ser hechos hijos de Dios."* (Juan 1: 12).

Sugerencia: El libro escrito por T. L. Osborn titulado "El plan amoroso de Dios", el cual habla más acerca de este tema.

ANOTACIONES

CAPÍTULO 3

No eres culpable

Hemos aprendido acerca de la fundación del mundo, el plan de Dios para rescatarnos de nuestros pecados, y ahora aprenderemos acerca de la justificación que Dios nos obsequió basado en el sacrificio de Jesucristo en la cruz.

Lo primero que vamos a hacer es establecer la definición de la justificación según nos enseña la Biblia. La justificación es la habilidad para estar delante de la presencia de Dios, el Padre, sin un sentido de culpabilidad o de inferioridad. Muchas personas no comprenden lo que significa la justicia de Dios. Permíteme ilustrarte este concepto. Un individuo comete un crimen y va a la corte ante un juez para que se haga "justicia". El juez condena a este hombre a muerte, y así busca imponer la justicia que merece por la ofensa realizada contra la persona y la sociedad. El culpable es sentenciado y tiene que morir. Sin embargo, de repente aparece otro hombre y dice "yo pagaré su deuda a la sociedad y tomaré su lugar, dando mi vida a cambio". Esto es lo que significa la justicia de Dios. En otras palabras, el ser justificado es ser como si nunca hubieras pecado, es el ser declarado justo, libre de pecado y aceptado ante Dios. La Biblia dice:

"Al que no conoció pecado, por nosotros lo hizo pecado, para que nosotros fuésemos hechos justicia de Dios en él". (2 Corintios 5:21).

Vamos a enumerar lo que Adán tenía antes de la caída. Él tenía una perfecta relación con Dios, tenía dominio sobre todas las cosas, tenía todas sus necesidades suplidas. Adán oía la voz de Dios y tenía comunión con Él, no se sentía inferior a Dios ni culpable, no sabía lo que era el miedo ni el fracaso, solo conocía lo que era vivir en paz.

Lamentablemente todo esto cesó cuando Adán pecó y, como resultado, el pecado y la enfermedad comenzaron a gobernar en esta tierra donde el diablo se había convertido en el dios de este mundo. Adán perdió su comunión con Dios y comenzó a conocer lo que era el temor, la culpabilidad, el fracaso.

Cuando Jesucristo murió en la cruz, su muerte cumplió con todas las demandas que había en contra de nosotros. En Isaías 53:4,5 nos explica que Él venció al pecado, venció a la muerte, venció a la enfermedad y por último, derrotó a Satanás y lo despojó de su poder sobre nosotros.

"Vosotros estáis completos en él, que es la cabeza de todo principado y potestad. En él también fuisteis circuncidados con circuncisión no hecha a mano, al echar de vosotros el cuerpo pecaminoso carnal, en la circuncisión de Cristo, sepultados con él en el bautismo, en el cual fuisteis también resucitados con él, mediante la fe en el poder de Dios que le levantó de los muertos. Y a vosotros, estando muertos en pecados y en la incircuncisión de vuestra carne, os dio vida juntamente con él, perdonándoos todos los pecados, anulando el acta de los decretos que había contra nosotros, que nos era contraria, quitándola de en medio y clavándola en la cruz, y despojando a los principados y a las potestades, los exhibió públicamente, triunfando sobre ellos en la cruz." (Colosenses 2:10 al 15).

Este acto trajo las siguientes consecuencias: Cuando Jesucristo murió, tú también moriste con Él. Cuando Jesucristo resucitó, tú también resucitaste con Él. El conocimiento de nuestra justicia es la verdad que nos permite vivir la vida como Dios desea que la vivamos, sin sentido de culpabilidad.

Si continuamos pensando que somos pecadores, continuaremos atrapados en el recuerdo y en la vergüenza de nuestros pecados; pero si recibimos la Palabra de Dios, donde nos enseña que hemos sido justificados gracias al sacrificio de Jesucristo, entonces esto nos ayuda a desarrollar nuestra fe porque ya no estamos conscientes de nuestros pecados, sino que estamos conscientes de la libertad que Cristo compró por nosotros.

¿Qué sucedió después de la muerte de Jesucristo? Leemos que cuando el pecado entró a la raza humana, la muerte lo acompañó:

> *"ya que el aguijón de la muerte es el pecado, y el poder del pecado, la ley". 1 (Corintios 15:56).*

Si no hay pecado, no hay aguijón. Por lo tanto, la justicia no podía retener a Jesucristo. Las cadenas de la muerte se rompieron y la muerte lo tuvo que entregar. Jesucristo experimentó la resurrección de la muerte, significando que su sacrificio era perfecto, suficiente y que eficazmente logró la salvación porque fue aceptado por el Padre. El Padre lo resucitó para vindicar el valor de su sacrificio, declararlo como justo, y demostrar al mundo que Jesucristo es el Salvador y el Señor.

Jesucristo fue declarado justo **no** al ser perdonado (porque no tuvo pecado) sino al ser vindicado por la justicia debido a su vida de obediencia perfecta. El pecado de todos nosotros le fue atribuido, y cuando murió en nuestro lugar sufrió el castigo como nuestro sustituto, condenado como si fuera el pecador más vil cuando en realidad había llevado una vida santa y sin pecado. Nosotros somos declarados justos cuando confiamos en el sacrificio de Jesucristo en la cruz y creemos en su resurrección.

Ahora, ¿qué tiene que ver esto con nuestra

justificación? Tal como la resurrección declaró que Jesucristo es justo, la resurrección también declara que nosotros somos justos en él. Recuerda que Jesucristo representa la raza humana. Si la resurrección declaró que Él es justo, entonces también declara que nosotros somos declarados justos porque Dios considera que nosotros somos uno con Cristo.

La resurrección confirma el hecho de que nuestra justificación ha sido lograda. En otras palabras, la resurrección de Cristo es la prueba de que nuestra justificación es una realidad. Nuestra justificación fue comprada y establecida por la muerte de Cristo en la cruz; nuestra justificación fue declarada públicamente por la resurrección de Cristo.

"De modo que si alguno está en Cristo, nueva criatura es; las cosas viejas pasaron; he aquí todas son hechas nuevas". (2 Corintios 5:17).

Jesucristo murió debido a nuestras transgresiones, pero también trató con ellas como nuestro sustituto. Él murió por nuestros pecados para librarnos de la condenación de la Ley. Debido a esto, tenemos derecho a estar en la presencia de Dios. Su sacrificio, su justificación y su sustitución cumplen todos los requisitos de Dios.

Cuando tú, como creyente, comprendes claramente que has recibido vida eterna, —la cual es la misma naturaleza de Dios— y que ahora que tienes la naturaleza de Dios, eres justo; esto te permite ser totalmente libre del pasado, incluyendo su recuerdo. Si a ti te han enseñado que ser un miserable pecador es algo que le satisface a Dios, te han enseñado incorrectamente, porque Dios desea hijos que no teman venir ante su presencia, y que vengan sin vergüenza ante Él.

> *"Acerquémonos, pues, confiadamente al trono de la gracia, para alcanzar misericordia y hallar gracia para el oportuno socorro." (Hebreos 4:16).*

Todo aquel que **no** ha comprendido la magnitud del sacrificio de Jesucristo en la cruz carece de mucho. Está todavía esclavo del miedo, de la condenación, de la culpabilidad, de la enfermedad y de la baja autoestima. Entre las cosas de que carece, están la tranquilidad, el descanso y la paz. Muchos hijos de Dios no aceptan este perdón total y continúan viviendo sus vidas como siervos, como esclavos, y no como hijos. ¡El sacrificio de Jesucristo INCLUYE tu justificación! Y estas son muy buenas noticias.

Aprende a vivir la vida justificado por Cristo. Reconoce que desde el momento en que tú naciste de nuevo eres una nueva criatura y estás de nuevo en buenas relaciones con Dios. Renueva tu mente a lo que dice la Biblia acerca de quién eres tú.

Tú puedes saber que eres justificado, pero a lo mejor no lo estás aplicando. Empieza ahora mismo a verte libre de tu pasado, de tus pecados, y con entrada al trono de

Dios como un hijo. Tú no puedes agregar o crecer en justicia, ya tienes toda la justificación que necesitas para el resto de tu vida; lo que tienes que hacer es crecer en el conocimiento y en la revelación de su justicia.

El meditar y declarar en voz alta las siguientes Escrituras te ayudará a renovar tu mente, a inculcar estas verdades en tu ser, y con ello derrotar los pensamientos erróneos del pasado. Este es un proceso muy importante en tu crecimiento espiritual.

Meditación: Yo he sido hecho por la justicia de Dios en Cristo.

"Al que no conoció pecado, nosotros lo hizo pecado, para que nosotros fuésemos hechos justicia de Dios en él". (2 Corintios 5:21).

Meditación: Soy un hijo de Dios porque he recibido a Jesucristo.

"Mas a todos los que le recibieron, a los que creen en su nombre, les dio potestad de ser hechos hijos de Dios" (Juan 1:12).

Meditación: No tengo pasado. Cristo borró mi pasado con su sangre. No vivo en condenación pero vivo en la libertad de ser un hijo de Dios.

"Ahora pues, ninguna condenación hay para los que están en Cristo Jesús, los que no andan conforme a la carne, mas conforme al espíritu" (Romanos 8:1).

Meditación: Soy valioso porque Dios me ha hecho linaje escogido.

"Mas vosotros sois linaje escogido, real sacerdocio, nación santa, pueblo adquirido por Dios" (1 Pedro 2:9).

Te sugiero que vayas al espejo y mires la obra que Dios ha hecho de ti y digas en voz alta:

¡Yo soy una bella obra de Dios! ¡Él me hizo! Y Él no tiene errores.

Sugerencia: El libro de E. W. Kenyon, titulado "Dos tipos de Justicia", explica más a fondo este tema.

ANOTACIONES

_____

_____

_____

_____

_____

_____

_____

_____

_____

_____

_____

_____

_____

_____

_____

_____

_____

_____

_____

_____

_____

_____

_____

_____

_____

_____

CAPÍTULO 4

La nueva creación

Hemos aprendido acerca de nuestra creación, nuestra redención y nuestra justicia. El tema a tratar ahora es que gracias al sacrificio de Jesucristo somos una nueva criatura, tal como podemos leer en el siguiente texto que nos describe así:

> *"De modo que si alguno está en Cristo,* **nueva criatura es***; las cosas viejas pasaron; he aquí todas son hechas nuevas." (2 Corintios 5:17).*

Recuerda que nuestra naturaleza vieja y pecaminosa fue clavada en la cruz con Cristo y no solo eso, sino que también fue enterrada con Él. Cuando Jesucristo resucitó, nosotros también resucitamos espiritualmente a vivir una nueva vida, y es acerca de esa nueva persona que resucitó (tú y yo) a lo que se refiere en 2 Corintios 5:17 como la "nueva criatura":

"Porque somos sepultados juntamente con él para muerte por el bautismo, a fin de que como Cristo resucitó de los muertos por la gloria del Padre, así también nosotros andemos en vida nueva. (Romanos 6:4)".

Para comprender la nueva creación, tenemos que comprender qué es lo que sucede cuando nacemos de nuevo. Déjame explicarte algunas de las cosas que acontecen.

Este nuevo nacimiento es la voluntad de Dios y fuimos engendrados por Dios.

"Los cuales no son engendrados de sangre, ni de voluntad de carne, ni de voluntad de varón, sino de Dios". (Juan 1:13).

Recibimos un nuevo espíritu, hecho a la imagen de Jesucristo.

"Porque a los que antes conoció, también los predestinó para que fuesen hechos conformes a la imagen de su Hijo, para que él sea el primogénito entre muchos hermanos". (Romanos 8:29).

Hemos sido trasladados del reino de Satanás al reino de Dios.

"el cual nos ha librado de la potestad de las tinieblas, y trasladado al reino de su amado Hijo" (Colosenses 1:12).

Dios nos da un nuevo corazón, quitando el de piedra y dándonos uno de carne.

"Os daré corazón nuevo, y pondré espíritu nuevo dentro de vosotros; y quitaré de vuestra carne el corazón de piedra, y os daré un corazón de carne" (Ezequiel 36:26).

Ahora tenemos la naturaleza de Dios.

"y vestíos del nuevo hombre, creado según Dios en la justicia y santidad de la verdad" (Efesios 4:24).

Somos coherederos con Cristo.

"Y si hijos, también herederos; herederos de Dios y coherederos con Cristo" (Romanos 8:17).

Somos participantes de la naturaleza divina de Dios.

"por medio de las cuales nos ha dado preciosas y grandísimas promesas, para que por ellas llegaseis a ser participantes de la naturaleza divina" (2 Pedro 1:4).

Tenemos la mente de Cristo.

"Porque ¿quién conoció la mente del Señor? ¿Quién le instruirá? Mas nosotros tenemos la mente de Cristo2. (2 Corintios 2:16).

Es imposible disfrutar de algo que uno no sabe que tiene. Y así sucede a muchos con el nuevo nacimiento. Todo lo que he enumerado está dentro de ti, al nacer tú de nuevo. El alma recién nacida se deleita en conocer a Dios en la intimidad de la comunión y oración, y en la lectura de la Biblia. Aborrece las cosas del mundo y de la carne. Nuestros propósitos, sentimientos y deseos, ahora son diferentes. Hay buenos sentimientos hacia todas las personas, existe una nueva clase de amor hacia la familia y los amigos, al igual que un nuevo amor para toda la humanidad.

Las cosas incorrectas que amábamos en el pasado ahora se detestan. Hemos sido despojados del viejo hombre con sus hechos, y ahora hemos sido investidos con el nuevo hombre, creados por Dios para vivir en santidad y debemos estar conscientes de esta nueva naturaleza dentro de nosotros y darle la oportunidad de expresarse.

Lamentablemente, no todos aceptan la obra transformadora del Espíritu de Dios y en consecuencia, quedan suspendidos en su crecimiento espiritual. Nuestro crecimiento espiritual se basa en nuestra elección. Dios **no** nos obliga a recibir todo lo que tiene deparado para nosotros, nosotros somos los que tenemos que buscar de Dios.

Muchos se preguntan: ¿qué pasa con el cristiano que comete un pecado?; ¿perdió su nueva naturaleza? Hay una diferencia entre cometer un pecado y seguir viviendo en pecado. Cuando el hijo de Dios peca, inmediatamente su alma se contrista porque tenemos el conocimiento de haber cometido un error, y con ello hemos hecho sufrir a nuestro Dios, que tanto nos ama. Nuestra alma se llena de vergüenza por haber realizado semejante acción. Pero ya Dios nos dio el remedio para esto:

"Si decimos que no tenemos pecado, nos engañamos a nosotros mismos, y la verdad no está en nosotros. Si confesamos nuestros pecados, él es fiel y justo para perdonar nuestros pecados, y limpiarnos de toda maldad" (1 Juan 1:8,9).

Entonces, cuando uno peca, inmediatamente se debe arrepentir y pedirle perdón a Dios por esta acción. El sufrimiento experimentado al fallarle a Dios y pecar nos ayudará a resistir la tentación de obrar mal la próxima vez que se presente otra ocasión de pecar.

Existe una diferencia entre pecar y vivir en pecado. Vivir en pecado es cometer el pecado conscientemente una y otra vez, sin arrepentirse, sabiendo bien que esto es incorrecto ante Dios. La persona llega a un punto donde el corazón se endurece a la voz de Dios y no le molesta el pecar. Desdichadamente, muchos endurecen sus corazones al punto de que ese pecado se convierte en una opresión para la cual necesitarán liberación espiritual.

Si la persona verdaderamente desea ser libre del pecado que lo tiene atrapado, Dios lo liberará con solo ir ante su presencia con un corazón verdaderamente arrepentido.

"Si oyereis hoy su voz, No endurezcáis vuestros corazones (Hebreos 3:15)".

Nadie llega a la perfección de vivir sin pecado en esta vida, pero los redimidos están siendo santificados (hechos santos) día a día, pecando menos en sus vidas diarias y odiando el pecado más y más cada vez que fallan. Sí, todavía pecarán, pero con menos frecuencia a medida que van madurando y aprenden a vivir su vida como una nueva criatura.

Cuando esta revelación de quien uno es en Cristo reine en tu vida, entonces tu vida será una de victoria, sabiendo que gracias a Jesucristo triunfarás, vivirás en santidad porque el pecado no tendrá lugar en tu vida. Sabrás que has sido aceptado por Dios a través de Jesucristo y el poder del maligno ya no reinará sobre ti.

La nueva criatura es algo maravilloso, concebido en la mente de Dios y creado por su poder y su gloria. A medida que tú estudies este tema y medites las distintas Escrituras que has encontrado en este capítulo, la realidad de ser una nueva criatura se hará parte de tu vida y disfrutarás la vida como Dios desea que la disfrutes, como un verdadero hijo de Dios.

Sugerencia: E. W Kenyon tiene muchos libros excelentes, y entre ellos se encuentra el libro titulado "Realidades de la nueva creación", que amplía este tema.

ANOTACIONES

_____

_____

_____

_____

_____

_____

_____

_____

_____

_____

_____

_____

_____

_____

_____

_____

_____

_____

_____

_____

_____

_____

_____

_____

_____

_____

CAPÍTULO 5

Renovando la mente

Todos nosotros tenemos que comprender que estamos en un proceso llamado "santificación", y este proceso incluye el renovar nuestras mentes y también las palabras de nuestras bocas.

"No os conforméis a este siglo, sino transformáos por medio de la renovación de vuestro entendimiento, para que comprobéis cuál sea la buena voluntad de Dios, agradable y perfecta". (Romanos 12:2).

Dios no posee ni controla la mente de sus hijos. Tú tienes libre albedrío y puedes pensar lo que desees en tu mente. Sin embargo, el diablo **sí** desea controlar tu mente y tus pensamientos. La mente es el verdadero campo de batalla en la vida del hijo de Dios y es aquí por donde el diablo trae la tentación y nos perturba con pensamientos terribles. Podemos decir que es el campo de batalla.

Todos hemos estados expuestos a pensamientos de miedo, de terror y hasta de ideas erróneas, pero eso no quiere decir que los tenemos que aceptar. ¡Dios nos enseña que podemos controlar estos pensamientos! Lo primero que tenemos que hacer es tomar la decisión de que no vamos a pensar en ellos, y segundo, reemplazarlos por la Palabra de Dios. Hazte la idea de que tu mente es como una computadora en la que puedes almacenar buenos o malos pensamientos, y que lo que se escoja almacenar, eso será lo que saldrá de ella.

"Tú guardarás en completa paz a aquel cuyo pensamiento en ti persevera; porque en ti ha confiado". (Isaías 26:3).

Debes de estar consciente de que el enemigo siempre atacará en la mente. Cada vez que él comience a bombardear tu mente con este tipo de pensamientos, tú puedes controlarlos. Obviamente, esto es algo que él no desea que tú sepas que funciona así. Recuerda cuando el diablo tentó a Jesucristo y Él le respondió con la Palabra de Dios. *(Mateo 4:1-1)*. Sigamos el ejemplo que nos dio Jesucristo.

Empecemos a declarar lo que Dios dice en Su Palabra. Confía en Dios. La Biblia nos da instrucciones detalladas sobre qué tipo de cosas debemos pensar: debemos pensar en las cosas que nos edifican.

"Por lo demás, hermanos, todo lo que es verdadero, todo lo honesto, todo lo justo, todo lo puro, todo lo amable, todo lo que es de buen nombre; si hay virtud alguna, si algo digno

de alabanza, en esto pensad" (Filipenses 4:8).

El desarrollo espiritual de toda persona se lleva a cabo en la mente porque ésta es la sede de nuestra alma. Cuando uno nace de nuevo tiene que permitir que su espíritu renovado tome control del cuerpo y el alma. Es similar a cuando un esposo asume la autoridad y la responsabilidad de la familia de la que forma parte. Él la guía, la orienta y también protege a su familia. Así es cuando tu espíritu controla tu alma y tu cuerpo.

Nuestras mentes se encuentran directamente conectadas con el corazón y con la boca. Esta conexión hace que sea vital la renovación de nuestras mentes con la Palabra de Dios. El resultado que obtendrás será un cambio en tu comportamiento, porque tus pensamientos cambiarán.

Tu comportamiento se basa en lo que tú crees. Si tienes problemas con pensamientos negativos, es muy importante que los elimines porque tu vida no va a cambiar hasta que tus pensamientos cambien.

La forma de pensar determina cómo uno se siente, y lo que sientes determina la forma en que vas a actuar. Si deseas cambiar la forma de actuar, debes de comenzar por cambiar la forma de pensar.

Todos tenemos tendencias perezosas y queremos recibir de Dios, sin ningún esfuerzo de nuestra parte, pero no es así como funciona. Solamente obtendrás aquello de la Palabra de Dios que deposites en tu ser.

Lee la Biblia, medita acerca de ella, porque cada momento que dediques a absorberla, pagará con creces en tu crecimiento espiritual y en el control de los pensamientos negativos. Si no haces el depósito, no podrás hacer el retiro.

Al final de este estudio te adjunto una pequeña lista de distintos versículos que yo leo y en los que medito como parte de mi desarrollo personal; espero que los leas y los medites también.

Nuestras palabras son una de las posesiones más poderosas que tenemos. Depende de ti si las utilizas de manera constructiva o destructiva. A medida que tu mente se vea renovada por la Palabra de Dios, tus palabras cambiarán y serán de bendición para muchos.

¡Fíjate si las palabras serán importantes que cuando Dios creó el mundo en que existimos, lo hizo con sus palabras! En Génesis 1 observamos que Dios habla y a continuación viene la creación. Nosotros somos creados en la imagen de Dios. Dios pone un gran énfasis en Su Palabra, y en las nuestras también.

"La muerte y la vida están en poder de la lengua, Y el que la ama comerá de sus frutos." (Proverbios 18:21).

Hay muchos que dicen: "esto me mata de risa", y con ello están desatando muerte para sí mismos. Hay muchas mujeres que dicen que cada día engordan más y más, y así sucede. Tal como lo creen en su corazón, **desatan su fe negativa** con sus palabras y sucede lo que sus palabras anuncian. De la misma manera que cuando tú viniste a Cristo y confesaste con tu boca que creías en Él como tu Salvador y Rey, y con ello recibiste vida eterna; pues de la misma manera **las palabras de tu boca te bendecirán o destruirán tu vida.**

"El que guarda su boca y su lengua, Su alma guarda de angustias" (Proverbios 21:23).

Abstente de hablar de desaliento, negatividad o con palabras despectivas. Deja que tu conversación traiga aliento, paz, bendición a todo aquel que te oiga. Cada vez que tú hablas tienes la oportunidad de bendecir o de maldecir con tus palabras, por tanto, ¡escoge bendecir!

Deseo hacerte un reto. Durante el curso de los siguientes 3 días, pon atención a toda palabra que salga de tu boca. Te darás cuenta de las áreas donde residen los pensamientos negativos de tu vida y dónde tienes carencias de fe. ¡Te vas a sorprender! De esta forma podrás corregirlas y utilizar tu boca para bendecir a muchos y especialmente a ti.

Esto es un proceso de entrenarse para dejar a un lado todo aquello que no trae vida y escoger vivir nuestras vidas como hijos de Dios, utilizando nuestras palabras para bendición.

LEE EN VOZ ALTA Y MEDITA ESTAS CONFESIONES BASADAS EN LAS ESCRITURAS MENCIONADAS:

Para consuelo y fortaleza

El Señor es la fortaleza de mi vida. *Salmos 27:1.*

Nadie me arrebatará de Su mano porque Él me ha dado vida eterna. *Juan 10:28.*

Yo sigo al Buen Pastor porque conozco su voz y no seguiré a un extraño. *Juan 10:3,4.*

Dios tiene buenos planes para mí, planes de bienestar. *Jeremías 29:11.*

Por la familia y por los hijos

Mi familia y mis hijos están protegidos del maligno y Tú los fortaleces. *2 Tesalonicenses 3:3.*

Mi familia y mis hijos te aman con todo su corazón, con todo su ser y con toda su mente. *Mateo 22:37.*

Mis hijos son obedientes en todo porque esto agrada a Dios. *Colosenses 3:20.*

Por la salud

Él sana todas mis dolencias. *Salmos 103:3.*

Él envía su Palabra y me sana. *Salmos 107:20.*

Me saciará con larga vida y me mostrará mi salvación. *Salmos 91:16.*

Para vencer el temor

Yo soy el cuerpo de Cristo y Satanás no tiene poder sobre mí. *Romanos 12:21.*

Mayor es Él (Dios) que está en mí, que él (Satanás) que está en el mundo. *1 Juan 4:4.*

No temeré ningún mal porque tú estás conmigo Señor. *Salmos 23:4.*

Ninguna arma forjada contra mí prosperará… por mi justicia es del Señor. *Isaías 54:17.*

Tú has mandado a tus ángeles alrededor mío y me guardan en todos mis caminos. *Salmos 91:11.*

Estoy lejos de la opresión y el miedo no se me acerca. *Isaías 54:14.*

Para vencer la preocupación de finanzas

Jesucristo me ha redimido de la maldición de la ley, que incluye la pobreza, la enfermedad y la muerte. *Gálatas 3:13.*

No carezco de nada porque mi Dios suple todas mis necesidades conforme a sus riquezas. *Filipenses 4:19.*

Soy como un árbol plantado junto a corrientes de

agua y todo lo que hago prospera. *Salmo 1:3.*

Sugerencia: Obtén el librito de Charles Capps, titulado "El Poder Creativo de Dios". Éste contiene una serie de confesiones positivas basada en la Palabra de Dios, que te ayudarán en tu desarrollo personal.

ANOTACIONES

CAPÍTULO 6

Un diseño original

Aprender la forma en que Dios nos ha creado y cómo funciona todo ser humano nos ayudará a conocernos mejor. El ser humano está compuesto de 3 partes que son su cuerpo físico, su alma y su espíritu.

> *"Y el mismo Dios de paz os santifique por completo; y todo vuestro ser, **espíritu, alma y cuerpo**, sea guardado irreprensible para la venida de nuestro Señor Jesucristo". (1 Tesalonicenses 5:23).*

La Biblia nos enseña claramente que nuestro ser está compuesto de estos tres elementos básicos y vamos a realizar un análisys de la función individual de ellos, teniendo en mente que el hombre es primeramente un espíritu, tiene un alma y vive en un cuerpo. La Biblia nos enseña también que el alma y el espíritu son indestructibles.

Con el espíritu hacemos contacto con el mundo espiritual. Nuestro espíritu es la parte eterna del hombre. Este es el verdadero ser interior, invisible, que Dios pone en nosotros al momento de la concepción. Es la parte de nosotros que se relaciona con el mundo espiritual invisible, que incluye a Dios.

En el alma residen nuestra voluntad, nuestras emociones, nuestra personalidad, nuestro razonamiento y nuestros pensamientos. Es la parte de nosotros que se relaciona intelectualmente con otros seres humanos. En ella se encuentran acumuladas todas nuestras experiencias de vida. Estas experiencias, tanto buenas como malas, dan forma a nuestra personalidad y determinan la forma en que nos relacionamos con los demás.

Con nuestro cuerpo físico nos relacionamos con nuestro entorno, a través de los cinco sentidos que conocemos: el gusto, la vista, el olfato, el oído y el tacto. El cuerpo es nuestra naturaleza física, la parte de nosotros que se refiere a la persona física o que es "vista" por otros. Como resultado de la caída del hombre, el cuerpo es temporal, imperfecto y está sujeto a un mal funcionamiento, la degeneración y la enfermedad. Se trata del recipiente temporal donde brevemente habitan nuestro espíritu y nuestra alma en esta tierra.

Cuando Dios creó al hombre lo hizo para tener

compañerismo con él, y para ello tenía que ser de la misma categoría de Dios. El Creador había puesto en acción una ley por la cual todo se tiene que reproducir según su propia especie. Dios deseaba tener una familia y creó al hombre para tener comunión con él.

Dios creó al hombre según su imagen y semejanza, o sea, según su propio diseño. Debido a esto, sabemos que de la misma manera que Dios es Espíritu, el hombre también es espíritu. Jesucristo le dijo a la mujer samaritana que *"Dios es Espíritu"* *(Juan 4:24)*. Nosotros nos comunicamos con Él a través de nuestro espíritu, no a través de nuestro cuerpo o nuestra alma.

Cada vez que la Biblia habla del corazón del hombre, se refiere al espíritu del hombre, tal como se afirma en Ezequiel en donde se estaba profetizaba acerca del nuevo nacimiento que tomaría lugar después de la venida de Jesucristo:

"Os daré corazón nuevo, y pondré espíritu nuevo dentro de vosotros; y quitaré de vuestra carne el corazón de piedra, y os daré un corazón de carne" (Ezequiel 36:26,27).

Es necesario que el hombre nazca de nuevo, que tenga un nuevo espíritu y sea una nueva criatura, como hemos leído anteriormente. Cuando esto ocurre, el espíritu es el que nace de nuevo, no tu alma ni tu cuerpo.

Antes de nuestra salvación, estábamos fuera del reino de Dios y en el dominio de Satanás. Fuimos moldeados a su imagen, y nos hirió en tantas formas como fue posible. Estas heridas acumuladas dejaron cicatrices profundas en nuestra personalidad, las cuales causan esclavitud emocional para toda la vida. Cuanto más tiempo vivamos en el reino de Satanás, mayores serán las heridas y daños acumulados en nuestra personalidad.

¿Qué sucede después de la salvación? Vamos a analizar las tres áreas del ser humano:

Espíritu. Cuando nos convertimos en hijos de Dios, nuestro espíritu inmediatamente se traslada a ser la propiedad de Dios y entramos en su reino. A partir de este momento, comenzamos a tener una relación con Dios. El Espíritu Santo, entonces, comienza el proceso para transformarnos en la imagen de Dios.

Alma. Nuestras almas necesitan pasar por el proceso de renovación. Tenemos almas que estaban acostumbradas al mundo, con ideas permisivas que iban en contra de la Palabra de Dios. Es posible, entonces, ser un cristiano nuevo y todavía estar atado por los hábitos y actitudes pecaminosas, por relaciones disfuncionales, con cicatrices profundas de la personalidad, adicciones y compulsiones y por consecuencia, este pasado causará estragos en su vida, aunque su espíritu ahora pertenezca a Dios.

Cuerpo. Cuando entramos en el reino de Dios nuestro cuerpo no suele cambiar mucho. Si eres rubio o moreno, seguirás siéndolo. Si antes utilizabas espejuelos para ver, por lo general tendrás que continuar usándolos. El cuerpo aún está sujeto a las consecuencias de la Caída, lo que significa que aún está sujeto a la enfermedad y al mal funcionamiento. Una vez en el Reino de Dios, se nos da el privilegio de orar por la sanidad divina.

Todo ataque por parte del enemigo (el diablo) viene a través de tus cinco sentidos y de tu alma no renovada por la Palabra de Dios. Toda tentación se desarrolla en estas tres áreas: los deseos de la carne, deseos de los ojos (codicia) y la vanagloria.

> *"Porque todo lo que hay en el mundo, los deseos de la carne, los deseos de los ojos, y la vanagloria de la vida, no proviene del Padre, sino del mundo" (1 Juan 2:16).*

El hijo de Dios puede triunfar contra la tentación, pero para ello necesita renovar la mente con la Palabra de Dios, y someter su cuerpo al dominio del espíritu ya recreado. La Biblia nos enseña que no tenemos que estar doblegados a los deseos de la carne.

> *"Digo, pues: Andad en el Espíritu, y no satisfagáis los deseos de la carne. Porque el deseo de la carne es contra el Espíritu, y el del Espíritu es contra la carne; y éstos se oponen entre sí, para que no hagáis lo que quisiereis"* (Gálatas 5:16,17).

Nuestra vieja naturaleza es, en realidad, parte de nuestra alma; pero vamos a igualarla a una alforja donde —antes de la salvación— se acumulaban el dolor y las cicatrices que Satanás iba poniendo para moldearnos a su imagen.

Después de la salvación, todavía estamos cargando la alforja, ya que es una parte de nuestra antigua naturaleza. Esta alforja sigue doliendo, y nos paraliza en el desarrollo de nuestra nueva vida pero cuando viene el Espíritu Santo y sana los dolores que están contenidos en esa alforja entonces se corta la cadena que sujetaba la alforja de nuestra naturaleza vieja.

Es el deseo de Dios que estemos libres de la alforja de dolor. Él quiere vaciarla, curar todas esas heridas y cicatrices y liberarnos de nuestros hábitos pecaminosos y patrones de pensamientos dañinos. Dios quiere que nuestra nueva naturaleza en Cristo controle nuestra alma y nuestra personalidad, de modo que la vieja naturaleza pecaminosa sea vencida y eliminada. Estas dos naturalezas estarán siempre en conflicto.

¿Dónde crees que se encuentra la bolsa de nuestra vieja naturaleza? ¿Dónde crees que se lleva a cabo la batalla entre nuestra naturaleza nueva y la vieja? En realidad se lleva a cabo en tu mente.

El propósito de esta batalla es el de controlar tus pensamientos. Tus pensamientos son realmente el timón de tu vida. La fuerza espiritual que controla tus pensamientos, controlará tu vida. Es por eso que hay una batalla entre las fuerzas de la Luz y de la Oscuridad para controlar tu mente. Satanás quiere, desesperadamente, influir y controlar tus pensamientos, manteniendo tu vieja naturaleza viva y suprimiendo tu nueva naturaleza. Dios quiere liberarte de esa vieja naturaleza para que tu mente se encuentre libre para pensar Sus pensamientos y salir de la esclavitud de tu pasado.

> *"No os conforméis a este siglo, sino transformaos por medio de la renovación de vuestro entendimiento, para que comprobéis cuál sea la buena voluntad de Dios, agradable y perfecta".* (Romanos 12:2).

Mientras que tu naturaleza vieja siga sin cicatrizar y activa, entonces tus pensamientos serán controlados y contaminados por tu pasado pecaminoso y doloroso. Cuando la naturaleza vieja sea transformada por la renovación de tu mente, entonces tus pensamientos estarán llenos de la naturaleza de Dios.

El proceso de santificación es conducido por el Espíritu Santo en la vida de cada creyente. En la medida en que tú te cedas a obedecer más la Palabra de Dios, más rápido recibirás la transformación de tu mente; pero para ello necesitas saber lo que dice la Biblia y, en especial, lo que enseña el Nuevo Testamento, para que así lo puedas obedecer sin titubear.

Una vez que tu mente reciba la iluminación de la Palabra de Dios, te resultará fácil escoger hacer lo que dice la Palabra de Dios sin titubear. Con el tiempo te darás cuenta de los cambios que están ocurriendo en tu alma, y podrás permitir que tu espíritu guíe tu vida y no estarás sometido a los deseos tu cuerpo. Es el deseo y propósito de Dios que tú vivas una vida victoriosa en tu espíritu, alma y cuerpo.

Sugerencia: Para más información sobre este tema, sugiero leer el libro titulado "Espíritu, Alma y Cuerpo" de Rigoberto F. Pérez.

ANOTACIONES

_____

_____

_____

_____

_____

_____

_____

_____

_____

_____

_____

_____

_____

_____

_____

_____

_____

_____

_____

_____

_____

_____

_____

_____

_____

_____

_____

CAPÍTULO 7

El descubrimiento de Dios

Para conocer a Dios tenemos que comprender su naturaleza y los conceptos básicos para comprender a Dios tienen que ser introducidos con una definición.

Dios es infinito (significa que no tiene fin) y es muy diferente a nosotros que somos finitos (que tenemos fin). Debido a nuestras limitaciones humanas, eso hace que sea imposible para nosotros comprender plenamente a Dios, ya que nuestro mundo está compuestos de tiempo y espacio.

Sin embargo, por la fe podemos aceptar como verdadero lo que dice la Biblia acerca de Dios. Podemos creer en las verdades reveladas, incluso cuando no podemos explicar completamente cómo pueden ser o responder todas las preguntas acerca de dichos conceptos.

Por ejemplo, podemos creer que Dios es eterno y que Él contesta las oraciones. Pero, ¿quién puede comprender plenamente el concepto de eternidad o explicar en detalle cómo Dios puede escuchar y responder las oraciones de tantas personas? Del mismo modo, no podemos explicar cómo Jesús podía ser a la vez Dios y hombre al mismo tiempo; sin embargo, eso no significa que no creamos, y por lo tanto no negamos la enseñanza de la Biblia.

La Biblia nos enseña que:

- Hay un solo Dios. (Deuteronomio 6:04).
- El Padre es Dios. (2 Pedro 1:17).
- El Hijo es Dios. (Juan 8:58).
- El Espíritu Santo es Dios. (Hechos 5:3,4).
- Padre, Hijo y Espíritu Santo son personas distintas. (Juan 14:26).

Esto nos indica que hay solamente un verdadero Dios revelado en tres personas: Padre, Hijo y Espíritu Santo (comúnmente conocido como la Trinidad).

Dios, el Padre, es totalmente Dios. Dios, el Hijo (Jesús), es totalmente Dios. Y Dios, el Espíritu Santo, es, totalmente Dios. Pero repito, sólo hay un Dios. En nuestro mundo, con nuestra experiencia humana limitada, es difícil de entender la Trinidad. Pero desde el principio vemos a Dios de esta manera en las Escrituras.

Observa que cuando Dios creó al hombre utilizó las palabras en plural: "hagamos" y "nuestra".

*"Entonces dijo Dios: "**Hagamos** al hombre a **nuestra** imagen, conforme a **nuestra** semejanza". (Génesis 1:26).*

Dios es espíritu y vive sin las limitaciones de un universo tridimensional como el nuestro. Y Él es infinitamente más complejo de lo que somos nosotros. Para conocer mejor a Dios, vamos a utilizar los diferentes atributos de cada persona de la Trinidad, como lo describe la Biblia.

Atributos de Dios Padre

Dios es eterno, infinito. De alguna manera, este hecho acerca de Dios es semejante a su propia existencia. Dios siempre ha sido y será por siempre, porque Dios habita en la eternidad. El creó el tiempo, como podemos leer en el *Génesis 1*. Es por eso que Dios puede ver el fin desde el principio, y porqué no se sorprende por nada. Si Él no fuera eterno, la promesa de la vida eterna para aquellos que siguen a Jesucristo como su Salvador tendría poco valor. Dios no tiene principio ni fin. Sólo existe. (*1 Timoteo 1:17*).

Dios es omnipotente. Esta palabra significa todopoderoso. Él permite que sus criaturas tengan cierto poder, pero esto no disminuye en absoluto el suyo. Dios tiene todo el poder. Él puede ejercer dominio sobre el universo entero, llevar a cabo los propósitos de su sabiduría, gobernar el corazón de los hombres, e incluso crear cosas de la nada. (Génesis 17:1).

Dios es omnipresente. Este término significa "siempre presente." Puesto que Dios es infinito, su ser no conoce fronteras. Por lo tanto, claramente está en todas partes. (Salmo 139:7-12).

Dios es omnisciente. Esta palabra significa "conocer todas las cosas". Esto incluye el pasado, el presente y el futuro. Es decir, Él sabe lo que va a pasar, y Él sabe lo que "podría" suceder. *(Hebreos 4:13)*.

Dios es autosuficiente. La Biblia dice que Dios tiene vida en sí mismo. El resto de la vida en el universo es un regalo de Dios. Él no tiene necesidades y no hay forma de que pueda mejorar. Para Dios, no es necesario agregar nada más. *(Juan 5:26)*.

Dios es inmutable. Esto simplemente significa que Dios nunca cambia. *(1 Samuel 15:29)*.

Dios es inmaterial. Dios no está fundamentalmente compuesto de materia, porque es espíritu, y creó toda la materia *(Juan 4:24)*.

Dios es omnisciente. Dios tiene toda la sabiduría. Incluso cuando nosotros creemos que las cosas empeoran, Dios está llevando a cabo su sabiduría perfecta. *(Romanos 16:27)*.

Otros atributos de Dios son: Santo, Soberano, Amor, Bueno, Clemente, Misericordioso, Justo, Celoso.

Atributos de Dios, el Hijo, Jesús.

Jesús es eterno, infinito. Esto significa que no tiene principio ni fin. Siempre existió.

Jesús es omnipotente. Todopoderoso. Jesús creó todo lo que existe. *(Juan 1:03 y Colosenses 1:16)*.

Jesús es omnipresente. Jesús está en todas partes. Jesús siempre estará con sus seguidores. *(Mateo 28:20)*.

Jesús es omnisciente. Conoce todas las cosas. Porque Él es Dios venido en carne, Jesús sabía todo sobre Nataniel. *(Juan 1:48)*.

Jesús es inmutable. Él es constante en el pasado, el presente y el futuro. Jesús nunca cambia. *(Hebreos 13:8)*.

Jesús es santo. A pesar de ser tentado en todas las áreas, vivió su vida sin pecado. Jesús es todo bueno y es ausente de infligir cualquier mal. *(Hebreos 4:15)*.

Jesús demuestra la Deidad. La expresión completa de la Deidad reside en Él. *(Colosenses 2:09)*.

Jesús es el Gobernante Supremo. Él será llamado Rey de Reyes y Señor de Señores. *(Apocalipsis 19:16)*.

Otros atributos de Jesús son: Él es justo, es amor, busca el bien para todo hombre, es la verdad absoluta personificada y nunca se contradice; es el mismo ayer, hoy y por siempre.

Atributos de Dios, el Espíritu Santo.

El Espíritu Santo está incluido en la Trinidad, que se compone de 3 personas distintas: el Padre, el Hijo y el Espíritu Santo. Los siguientes versículos presentan una bella imagen de la Trinidad en la Biblia:

*"Jesús, después que fue bautizado, (**el Hijo**) subió luego del agua; y he aquí los cielos le fueron abiertos, y vio al Espíritu de Dios (**el Espíritu Santo**) que descendía como paloma, y venía sobre él. Y hubo una voz de los cielos, (**el Padre**), que decía: Este es mi Hijo amado, en quien tengo complacencia". (Mateo 3:16-17).*

Otro versículo que nos demuestra la Trinidad.

"Por tanto, id y haced discípulos a todas las naciones, bautizándolos en el nombre del Padre y del Hijo y del Espíritu Santo", (Mateo 28:19).

El Espíritu Santo tiene las siguientes características en su personalidad:

El Espíritu Santo tiene una mente: Él escudriña los corazones del hombre. *(Romanos 8:27).*

El Espíritu Santo tiene una voluntad: Él reparte a cada uno como Él quiere. *(Corintios 12:11).*

El Espíritu Santo tiene emociones: Se lamenta, se contrista *(Efesios 4:30).* Se enoja. *(Isaías 63:10).* Expresa la alegría. *(Lucas 10: 21, 1 Tesalonicenses 1:6).*

La labor del Espíritu Santo se describe como sigue:

Enseña- *Juan 14:26.*

Testifica de Cristo- *Juan 15:26.*

Convence- *Juan 16:8.*

Guía - *Romanos 8:14.*

Revela la Verdad - *Juan 16:13.*

Fortalece y Anima - *Hechos 9:31.*

Consuela - *Juan 14:16.*

Nos ayuda en Nuestras Debilidades- *Romanos 8:26.*

Intercede por Nosotros - *Romanos 8:26.*

Escrudiña las Cosas Profundas de Dios -*1 Corintios 2:11.*

Santifica -*Romanos 15:16.*

Testifica y Da Testimonio. - *Romanos 8:16.*

Prohíbe - *Hechos 16:6-7.*

Se Le Puede Mentir- *Hechos 5:03.*

Se Le Puede Resistir -*Hechos 7:51.*

Él Puede Ser Blasfemado -*Mateo 12:31-32.*

Se Puede Apagar - *1 Tesalonicenses 5:19*

Sugerencia*:* Es muy importante tener un buen entendimiento acerca de nuestro Dios. Te recomiendo el libro titulado "Los Nombres de Dios" por Lester Sumrall.

ANOTACIONES

_____

_____

_____

_____

_____

_____

_____

_____

_____

_____

_____

_____

_____

_____

_____

_____

_____

_____

_____

_____

_____

_____

_____

_____

_____

_____

_____

_____

CAPÍTULO 8

Tu crecimiento espiritual

Todo cristiano inicia el proceso de crecimiento espiritual después de experimentar la salvación. La clave para nuestro crecimiento espiritual se encuentra en la disciplina empleada en la lectura de la Biblia, la oración y la obediencia a la voluntad de Dios. El hacer estas cosas no te salvará, pero te ayudará a gozar de una vida victoriosa.

Leer y estudiar la Biblia.

Sabemos que la Biblia es la Palabra de Dios así que debemos leer, estudiar, aplicar, y guardar todo lo que ella nos enseña. *(Hechos 17:11)*. Si lo haces, te ayudará a entrar en un proceso llamado **santificación** *(Filipenses 1:6)*. Todo lo que necesitas para aprender acerca de Jesús y de vivir la vida cristiana se encuentra en la Biblia.

"Toda la Escritura es inspirada por Dios, y útil para enseñar, para redargüir, para corregir, para instruir en justicia, a fin de que el hombre de Dios sea perfecto, enteramente preparado para toda buena obra" (2 Timoteo 3:16-17).

Si esta es la primera vez que lees la Biblia, comienza por el Nuevo Testamento donde aprenderás acerca de Jesucristo y cómo vivir una vida cristiana. Siéntete libre a marcar en ella los versículos claves que consideras que Dios te está enseñando. Cuando tú lees la Biblia en una forma consistente, encontrarás que Dios te estará hablando y dirigiendo tu vida a través de esta lectura diaria. Compra libros que te enseñen acerca de los distintos temas que tú deseas aprender, escogiendo buenos autores bíblicos. Invierte en tu desarrollo espiritual.

Emplea tiempo en la oración.

¿Alguna vez has tratado de tener una relación con alguien sin entablar una comunicación? ¡Imposible! Nunca se podría llegar a tener una buena relación. La buena comunicación es vital para una relación sana. De la misma manera, la oración es esencial para tu relación con Dios.

Cuando Jesucristo vivió en la tierra Él nos enseñó que la oración es algo muy importante para el desarrollo espiritual de la vida de un hijo de Dios. La oración abre tu mente a la Palabra de Dios y abre tu corazón para experimentar la verdadera presencia de Dios. La oración preserva y protege nuestra fe.

Jesucristo sabía el peligro que corrían sus discípulos cuando Él tuvo que enfrentar la cruz. Él les urgió: "Oren para que no entréis en tentación" (*Lucas 22:40*). Recuerda que nada le da más placer a Satanás que causar que un creyente tropiece. La oración mantiene nuestro enfoque en las promesas de Cristo y nos aleja de la tentación y la prueba de Satanás.

Cuando estés en oración, comienza a darle gracias a Dios por su gran amor hacia ti y sé agradecido por todas las cosas que Él hace en tu vida y en la de tu familia. No solo debes orar por ti mismo y tu familia, sino que debes incluir también a tus enemigos (*Lucas 6:28*). Pídele a Dios protección contra el pecado y la tentación (*Mateo 6:13*). También debes examinar tu corazón y pedirle perdón por los pecados que hayas cometido.

Compañerismo y servicio.

¿Alguna vez has notado que las brasas de un fuego de carbón se mantienen brillantes cuando se encuentran en proximidad, pero que cuando se separan se enfrían y se apagan? —este ejemplo puede enseñarnos un detalle muy importante sobre la comunión cristiana: nosotros nos mantendremos "encendidos" y resplandeceremos más cuando tenemos comunión con otros cristianos que cuando nos mantenemos aislados.

¿Por qué es tan importante la comunión cristiana?

En primer lugar, nos encontramos con el estímulo de la comunión con otros creyentes. El compañerismo cristiano ofrece un ambiente donde podemos compartir nuestras alegrías y tristezas.

"Sobrellevad los unos las cargas de los otros, y cumplid así la ley de Cristo". (Gálatas 6:2).

Es muy importante asistir a una iglesia saludable. Necesitas encontrar una iglesia que enseñe la Biblia, que honre a Jesucristo, que adore a Dios y que sea un lugar sano donde los creyentes puedan reunirse. En ella, puedes servir a Dios en distintos cargos apropiados y ser de bendición para muchos.

"Desead, como niños recién nacidos, la leche espiritual no adulterada, para que por ella crezcáis para salvación" (1 Pedro 2:2).

Comparte tu fe.

¿Cómo llegaste a ser cristiano? Lo más probable es que otro creyente se haya preocupado lo suficiente por ti para decirte cómo ser salvo. Dios nos ha escogido para incluirnos en su plan de salvar a otros. Solamente nosotros podemos compartir el Evangelio. Un verdadero creyente será obediente a la Palabra de Dios; debe sentir el privilegio de compartir las buenas nuevas del Evangelio y cumplir la gran comisión. Nuestra motivación debe ser glorificar a Dios y ver a otros venir a la fe en Jesucristo. El mensaje del evangelio tiene el poder de salvar y transformar pecadores. Cuando tú veas las vidas transformadas por Dios, serás estimulado en tu crecimiento espiritual.

"Porque no me avergüenzo del evangelio, porque es poder de Dios para salvación a todo aquel que cree; al judío primeramente, y también al griego" (Romanos 1:16).

Avanzando a través de la obediencia.

Muestra tu obediencia a Cristo con el bautismo de agua por inmersión. Este es un signo externo de lo que ha sucedido en tu corazón y vida, ya que demuestra la muerte y sepultura del viejo hombre y la resurrección a la vida eterna. Antes de la ascensión de Jesús al cielo Él dio la orden a sus discípulos de bautizar en el nombre del Padre, del Hijo y del Espíritu Santo.

"Por tanto, id y haced discípulos a todas las naciones, bautizándolos en el nombre del Padre, y del Hijo, y del Espíritu Santo" (Mateo 28:19).

El Nuevo Testamento nos enseña que el bautismo del creyente es un símbolo o una imagen de lo que ha sucedido en la vida de la persona que por fe ha creído en Jesucristo, y ha sido salvo por Su Gracia. Es una ilustración de lo que ha tenido lugar en el corazón del nuevo creyente, que no se puede observar externamente cuando una persona es salva.

La palabra **bautizo** viene del griego *baptidzo* que significa *"sumergir"*. El proceso del bautismo consiste en sumergir y emerger. Este procedimiento se usó para describir el bautizo de Juan y el del cristiano. El bautismo es, además, un testimonio público de que la persona ha creído en Jesucristo y ha nacido de nuevo. Por medio del bautismo el nuevo creyente se une y se identifica como un hijo de Dios.

El bautismo siempre prosigue a la creencia en Jesucristo como Salvador, y el bautismo no es necesario para que la persona sea salva y nazca de nuevo. No es un acto que uno hace para obtener la salvación; y nadie –en el Nuevo Testamento– que no creyera primero y que no hubiera puesto su fe en Jesucristo fue bautizado. Después que una persona es salva, como muestra el Nuevo Testamento claramente, entonces es bautizada. La Biblia no se refiere al bautismo como sacramento o como parte de la salvación. El bautizo de agua por inmersión representa la muerte, sepultura y resurrección de Jesucristo.

"Porque somos sepultados juntamente con él para muerte por el bautismo, a fin de que como Cristo resucitó de los muertos por la gloria del Padre, así también nosotros andemos en vida nueva" (Romanos 6:3-4).

El sumergir a una persona bajo el agua destaca notablemente el entierro de Cristo, y después, ser levantado del agua simboliza la resurrección de Cristo y la nueva vida del creyente en Cristo.

"Así que los que recibieron su palabra fueron bautizados y se añadieron aquel día como tres mil personas".

(Hechos 2:41).

Puedes ver esto demostrado en los siguientes ejemplos: los 3000 bautizados en Pentecostés (*Hechos 2:41);* el eunuco. *(Hechos 8:36-38);* Cornelio y su familia, que creyeron y fueron salvos y después fueron bautizados (*Hechos 10:47-48*); el Carcelero (*Hechos 16:31*);y finalmente, el Apóstol Pedro mandó que fueran bautizados los nuevos convertidos (*Hechos 10:47-48*).

El bautismo en agua debería ser muy significativo en tu vida, pues es una acción que demuestra que uno se compromete a obedecer; a seguir a Jesús; y se dispone a cumplir el propósito y el plan que Dios nos ha asignado para nuestras vidas. Esto no se reserva sólo para los que se consideran muy "santos". Es una enseñanza básica y forma parte del fundamento sólido que es necesario para nuestra edificación.

Si no has dedicado tu vida por completo al Señor, no esperes más; pero procede a obedecer la Palabra de Dios y participa del bautismo en agua.

Existe otro bautismo que enseña la Biblia y que es el bautizo del Espíritu Santo. La importancia de este acto es revelado a través de las palabras de Jesucristo, en el libro de *Hechos.*

"Porque Juan ciertamente bautizó con agua, más vosotros seréis bautizados con el Espíritu Santo dentro de no muchos días". (Hechos 1:5).

La Biblia dice que Jesús mismo es quien nos bautiza con el Espíritu Santo, como Juan el Bautista señaló:

"Yo a la verdad os bautizo en agua para arrepentimiento; pero el que viene tras mí, cuyo calzado yo no soy digno de llevar, es más poderoso que yo, él os bautizará en Espíritu Santo y fuego" (Mateo 3:11).

Según *Hechos 2:4*, la evidencia inicial de que la persona ha recibido el bautismo del Espíritu Santo es el hablar en lenguas. El Espíritu Santo quiere ayudarte a comunicarte con Dios a través de este nuevo "lenguaje celestial" de la oración y la alabanza. A través de la ayuda del Espíritu Santo, el creyente es capaz de hablar con Dios desde lo más profundo de su corazón, diciéndole lo que es incapaz de expresar plenamente a través de su idioma natural por sí solo.

Al igual que cualquier otro regalo de Dios, recibimos el bautismo del Espíritu Santo pidiéndoselo a Dios, y creyendo por fe recibimos este bello regalo de Dios. El único requisito es que la persona sea salva, porque el Espíritu Santo no va a residir en un incrédulo. El bautismo en el Espíritu Santo es una experiencia vital de la vida cristiana. Es una obra especial del Espíritu, más allá de la salvación.

En el Día de Pentecostés, los discípulos habían tomado la decisión de seguir a Jesús y "fueron llenos del Espíritu Santo y comenzaron a hablar en otras lenguas" *(Hechos 2:4).* Es importante notar que María, la madre de

Jesucristo, se hallaba presente con ellos en este lugar. Tiempo después, el Apóstol Pablo preguntó a los discípulos efesios si habían recibido el Espíritu Santo, después de lo cual "el Espíritu Santo vino sobre ellos, y hablaban en lenguas" (*Hechos 19:2*). Los creyentes del Nuevo Testamento fueron constantemente desafiados a ser llenos del Espíritu (*Hechos 1:4,5; Efesios 5:18*). La evidencia siempre ocurrió (y sigue siendo) en el momento en que los creyentes fueron bautizados en el Espíritu, y no en un futuro indeterminado.

El hablar en lenguas es el único fenómeno mencionado cada vez que la Escritura nos da detalles acerca de la experiencia de este bautismo. En el relato de *Hechos 10:45, 46,* las lenguas se mencionan específicamente como prueba de que "el don del Espíritu Santo había sido derramado también sobre los gentiles. La relación entre el fenómeno y la experiencia no puede ser ignorada.

En *Hechos 9,* Saúl (quien luego se convirtió en el Apóstol Pablo) recibe la llenura del Espíritu sin la mención de ningún detalle acerca si hablaba en lenguas. Sin embargo, el Apóstol Pablo declaró más tarde: "Yo hablo en lenguas más que todos vosotros" (*1 Corintios 14:18*). Es lógico concluir que empezó a hablar en lenguas cuando fue bautizado en el Espíritu Santo.

El bautismo en el Espíritu Santo con la evidencia física inicial de hablar en otras lenguas es la promesa del Padre para todo cristiano, y es algo muy importante en nuestro desarrollo espiritual. Para obtenerlo, solo se lo tienes que pedir a Jesucristo y Él te bautizará.

Sugerencia: Lester Sumrall es conocido como una eminencia en este tema, y tiene un libro titulado "Los Dones y Ministerios del Espíritu Santo".

ANOTACIONES

CARY PALMÓN

CAPÍTULO 9

La oración eficaz

L a oración es un don maravilloso que Dios nos ha dado. Es un privilegio increíble poder hablar con nuestro Creador y Padre Celestial; y no solo es un privilegio, sino que es una fuente de consuelo y de fe.

La Biblia está llena de ejemplos donde vemos cómo Dios ha respondido a las oraciones de sus hijos y también nos enseña cómo orar. En el libro de *Hebreos* nos dice que debemos acercarnos al trono de la gracia con confianza, para alcanzar misericordia y hallar gracia para ayudarnos en nuestro tiempo de necesidad *(Hebreos 4:14 al 16).* Esto nos ayuda a que oremos con confianza.

La oración es la mejor manera de comunicarse con Dios, pero muchas personas no la practican porque piensan que a Dios no le gusta escuchar y que Él sólo responde a sus oraciones en tiempos de gran necesidad.

Otros oran, pero creen que sus oraciones no son contestadas. Esto es una contradicción con lo que dice la Palabra de Dios, que nos enseña que cuando oras correctamente, esto te garantiza una respuesta del cielo.

Déjame decirte lo que dice Dios en su Palabra al respecto, para que puedas orar y recibir las respuestas a tus peticiones. Primeramente debes de **orar en armonía con la voluntad de Dios**. La Biblia dice:

> *"Y esta es la confianza que tenemos en él, que si pedimos alguna cosa conforme a su voluntad, él nos oye. Y si sabemos que él nos oye en cualquiera cosa que pidamos, sabemos que tenemos las peticiones que le hayamos hecho".* *(1 Juan 5: 14, 15).*

Las oraciones que hacemos en armonía con la voluntad de Dios, siempre serán contestadas. ¡Él no va a contestar la oración cuando alguien pida ayuda para robar un banco! Este tipo de oración está totalmente fuera de Su voluntad.

Orar en el nombre de Jesucristo. Jesús es nuestro intermediario frente a nuestro Padre Celestial, y siempre debes terminar tu oración pidiéndola en el nombre de Jesucristo. Jesús nos instruyó diciendo:

> *"Y todo lo que pidiereis al Padre en mi nombre, lo haré, para que el Padre sea glorificado en el Hijo. Si algo pidiereis en mi nombre, yo lo haré "(Juan 14:13,14).*

Cuando hagas tu petición **sé bien específico**. Yo he

tenido experiencias en las cuales no he sido específica en mi solicitud y recibí la respuesta pero no exactamente como había solicitado. No fue culpa de nadie, excepto mía, porque no oré específicamente. Sé muy específico en lo que pides. Si quieres respuestas específicas a la oración debes hacer solicitudes específicas. Si tus oraciones consisten en peticiones generales, ¿cómo vas saber si son contestadas?

Cuando ores, **utiliza tu fe para creer que has recibido.** Jesucristo nos instruyó acerca de la importancia de orar con fe.

"De cierto os digo, que si tuviereis fe, y no dudareis, no sólo haréis esto de la higuera, sino que si a este monte dijereis: Quítate y échate en el mar, será hecho. Y todo lo que pidiereis en oración, creyendo, lo recibiréis." (Mateo 21:22,23).

Yo he orado por muchos que después de hacer la oración se alejan y se les ve en el rostro la fe que tienen para recibir la respuesta (la cual recibirán), pero a la misma vez, he visto a otros que se alejan dudando y por consecuencia, se van con las manos vacías.

Orar con toda sinceridad. Dios ve tu corazón y sabe lo que hay en él. Jesús le preguntó al hombre paralítico, en la piscina de Betesda, si deseaba ser sano. Parece ser una pregunta tonta, pero Jesús quería saber si el hombre desaba su sanidad, porque si lo sanaba tendría que hacer serios ajustes en su vida, tales como conseguir un trabajo y no depender de la misericordia de otros. Puedes leer la historia completa en Juan 5:1 al 18.

Orar con persistencia y sin desfallecer. No todas las oraciones son contestadas rápidamente. Yo he tenido que orar por algunas cosas durante varios años, antes de obtener una respuesta. Jesucristo nos ilustró sobre la importancia de orar con persistencia cuando habló del juez injusto y la viuda persistente. El juez no le temía a Dios ni era justo; sin embargo, la persistencia de la viuda pidiendo justicia hizo que el juez cediera e hiciera la justicia que ella demandaba. Lo puedes leer en Lucas 18:1-8. No te des por vencido ni eches a un lado tu fe: sigue esperando, que pronto recibirás.

Muchos se acercan a Dios, en sus propios términos, pero no debe ser así. Él es el Creador y nosotros somos su creación. Debemos ir a Él según sus términos y comenzar a tener una relación correcta con Dios a través de Su Hijo, Jesucristo. Cuando vivimos en una relación correcta con Dios y aprendemos a orar conforme a Su voluntad (que es lo que realmente va a ser mejor para nosotros), podemos estar seguros de que Dios responderá.

> *"Si permanecéis en mí, y mis palabras permanecen en vosotros, pedid todo lo que queréis, y os será hecho"* (Juan 15:7).

Cuando nos presentamos ante Su Presencia, a veces albergamos pecados o tal vez, ofensas contra otros, y esto puede causar que nuestra oración no sea respondida. **Confiesa los pecados de los cuales estás consciente.**

"Confesaos vuestras ofensas unos a otros, y orad unos por otros, para que seáis sanados. La oración eficaz del justo puede mucho" (Santiago 5:16).

Dios ve el corazón de la persona, y debes de orar con el motivo correcto. La Biblia nos dice:

"No tienen, porque no piden. Pedís, y no recibís, porque pedís mal, para que puedan gastar lo que en vuestros deleites" (Santiago 4:3).

Existen muchos que piensan que Dios desea mantenerlos pobres, y otros que piensan que Dios los quiere ricos. Dios desea bendecirte y no está en contra de que tú prosperes, pero está en contra de que la prosperidad te destruya.

Reclama las promesas de Dios. Una y otra vez leemos en la Biblia que distintas personas le han recordado a Dios sus promesas; pero en realidad, lo que estaban haciendo era recordándose a sí mismos la fidelidad de Dios hacia otros, y sabiendo que Dios no tiene favoritos, esto los ayuda a desarrollar más su fe en Dios y así recibir la promesa de Dios para ellos.

"en la esperanza de la vida eterna, la cual Dios, que no miente, prometió desde antes del principio de los siglos, y a su debido tiempo manifestó su palabra por medio de la

predicación que me fue encomendada por mandato de Dios nuestro Salvador" (Tito 1:2,3).

Jesús nos enseñó que cuando oramos, debemos hacerlo en secreto delante de Dios y no en público. Una de las debilidades de la Iglesia de hoy es que hemos abandonado esta práctica de estar a solas con Dios para dedicarnos a la oración.

"Mas tú, cuando ores, entra en tu aposento, y cerrada la puerta, ora a tu Padre que está en secreto; y tu Padre que ve en lo secreto te recompensará en público." (Mateo 6:6).

Jesucristo nos dejó un modelo de oración y se encuentra en *Mateo 6:9 al 13.*

"Vosotros, pues, oraréis así: Padre nuestro que estás en los cielos, santificado sea tu nombre. Venga tu reino. Hágase tu voluntad, como en el cielo, así también en la tierra. El pan nuestro de cada día, dánoslo hoy. Y perdónanos nuestras deudas, como también nosotros perdonamos a nuestros deudores. Y no nos metas en tentación, mas líbranos del mal; porque tuyo es el reino, y el poder, y la gloria, por todos los siglos. Amén".

Esta oración debe ser entendida como un ejemplo, un modelo de cómo orar y nos da los componentes que deben ir en la oración. Comienza dirigiéndose al Padre Celestial: "Padre nuestro que estás en los cielos". A Él es a quien debemos orar. "Santificado sea tu nombre" nos está indicando que debemos adorar a Dios y alabarlo por ser quien es Él. La frase "venga tu reino, hágase tu voluntad en la tierra como en el cielo" es un recordatorio, para nosotros, de que estamos orando por el plan de Dios para nuestras vidas y para el mundo, no por nuestro propio plan.

Debemos orar para que la voluntad de Dios se haga, y no para que se cumplan nuestros deseos. Jesucristo nos indica que le pidamos a Dios por las cosas que necesitamos, incluyendo "el pan nuestro de cada día". "Perdónanos nuestras deudas, como también nosotros perdonamos a nuestros deudores" es la llave para vivir una vida victoriosa, no solo confesando nuestros pecados a Dios sino, a la vez, perdonando a todo aquel que nos haya hecho un mal, utilizando como ejemplo la misma manera en que Dios nos ha perdonado. La conclusión de la oración "Y no nos metas en tentación, mas líbranos del mal" es una petición de ayuda para vivir en victoria sobre el pecado y una petición de protección contra los ataques del diablo.

La Biblia está llena de las promesas de Dios las cuales te darán la fe que necesitas para reclamarlas cuando tú ores. Entre las promesas se encuentra la salvación de tu familia *(Hechos 16:31);* tu sanidad física *(1ra de Pedro 2:24);* protección *(Salmo 91);* la prosperidad del alma y del cuerpo *(3 Juan 1:2);* el espíritu de poder, de amor y de dominio propio *(2 Timoteo 1:7).* En fin, hay cientos de promesas para toda situación, y Dios quiere que se hagan realidad en tu vida.

Sugerencia: R. A. Torrey, un poderoso predicador, fue

el primer superintendente del Instituto Bíblico Moody y escribió un libro titulado "Cómo orar", que sé que te ayudará grandemente.

ANOTACIONES

CAPÍTULO 10

La sanidad física

Muchos se preguntan si es la voluntad de Dios el sanar sus cuerpos. Cuando Jesucristo estaba en esta tierra, Él nos enseñó que su deseo era que todos fuesen sanados.

Hay personas que opinan que Jesucristo ya no sana, pero la Biblia nos enseña en *Hebreos 13:8* que Jesucristo es el mismo ayer, hoy, y por los siglos. Esto quiere decir que lo que hizo en el pasado lo quiere hacer en el presente y en el futuro. Leamos algunas de los versículos que confirman su deseo de sanar a todo el que se lo pida.

> *"Y recorrió Jesús toda Galilea, enseñando en las sinagogas de ellos, y predicando el evangelio del reino, y sanando toda enfermedad y toda dolencia en el pueblo. Y se difundió su fama por toda Siria; y le trajeron todos los que tenían dolencias, los afligidos por diversas enfermedades y*

tormentos, los endemoniados, lunáticos y paralíticos; y los sanó". (Mateo 4:23, 24).

"Recorría Jesús todas las ciudades y aldeas, enseñando en las sinagogas de ellos, y predicando el evangelio del reino, y sanando toda enfermedad y toda dolencia en el pueblo". (Mateo 9:35).

"Sabiendo esto Jesús, se apartó de allí; y le siguió mucha gente, y sanaba a todos." (Mateo 12:15).

"Y saliendo Jesús, vio una gran multitud, y tuvo compasión de ellos, y sanó a los que de ellos estaban". (Mateo 14:14).

Estas son unas cuantas de las muchas Escrituras que nos enseñan que Jesucristo sanó a todo aquel que vino a Él. Es la perfecta voluntad de Dios el sanar a todo aquel que lo necesite, sin embargo existen muchos que creen que Él puede sanar pero que ya dejó de hacerlo. Esto me recuerda la historia del leproso, el cual le preguntó claramente a Jesucristo si deseaba sanarlo, poniendo en duda la voluntad de Dios acerca de ello.

Muchos mueren creyendo que Dios tiene la capacidad de curar, pero no están seguros de que su voluntad sea el sanarlos y esto les cierra las puertas de fe que necesitan para recibir esta bendición.

"Y he aquí un leproso vino, y le adoraba, diciendo: Señor, si quisieres, puedes limpiarme. Y extendiendo Jesús su mano, le tocó, diciendo: Quiero; sé limpio. Y luego su lepra

fue limpiada". (*Mateo 8:2,3*).

No solamente Jesús sanó a los que acudían a él con fe, sino que Él instruyó a sus discípulos para hacer lo mismo.

"Entonces llamando a sus doce discípulos, les dio autoridad sobre los espíritus inmundos, para que los echasen fuera, y para sanar toda enfermedad y toda dolencia". (*Mateo 10:1*).

Jesucristo comisionó no sólo a los doce, sino a 70 más de sus discípulos.

"Después de estas cosas, designó el Señor también a otros setenta, a quienes envió de dos en dos delante de él a toda ciudad y lugar adonde él había de ir. En verso 9 dice y sanad a los enfermos que en ella haya, y decidles: Se ha acercado a vosotros el reino de Dios". (*Lucas 10:1-9*).

Y estas indicaciones se aplican para nosotros hoy en día. Jesucristo nos dejó encomendado el sanar a los enfermos y nos dio su autoridad para llevar esta comisión a cabo. Para corroborar esto, leamos las siguientes instrucciones, que fueron sus últimas palabras antes de partir hacia el cielo:

"Y les dijo: Id por todo el mundo y predicad el evangelio a toda criatura. El que creyere y fuere bautizado, será salvo; mas el que no creyere, será condenado. Y estas señales seguirán a los que creen: En mi nombre echarán fuera demonios; hablarán nuevas lenguas; tomarán en las manos

serpientes, y si bebieren cosa mortífera, no les hará daño; sobre los enfermos pondrán sus manos, y sanarán". (Marcos 16:15-18).

Dios ungió a Jesucristo con el poder del Espíritu Santo para su misión en la tierra, y, desde su exaltación como "Señor" todo cristiano tiene ahora el mismo poder y autoridad que Jesucristo tenía para sanar, y los de la Iglesia del Primer Siglo sabían y creían eso. Por ejemplo:

"Y aconteció que el padre de Publio estaba en cama, enfermo de fiebre y de disentería; y entró Pablo a verle, y después de haber orado, le impuso las manos, y le sanó. Hecho esto, también los otros que en la isla tenían enfermedades, venían, y eran sanados;" (Hechos 28:8,9).

Hemos establecido que Jesucristo desea sanar a todo aquel que sufre de una enfermedad o problema físico y que nos ha comisionado a todos nosotros para sanar a los enfermos. Entonces, uno se pregunta porqué hay personas que no reciben su sanidad. Esto puede deberse a distintas razones, y voy a enumerar algunas brevemente:

- Falta de conocimiento acerca de la voluntad de Dios al respecto.
- Enseñanzas incorrectas pensando que Dios es el que manda la enfermedad.
- No aceptar las leyes naturales e ir contra ellas (No darle al cuerpo el descanso necesario, alimento nutritivo, ejercicio).

- La enfermedad es causada por algún espíritu inmundo.
- La persona abriga un pecado oculto, o tal vez, tiene falta de perdón hacia otro.
- Carencia de fe, esperando ver para creer que ha recibido.
- La duda o el miedo después de haber orado y pedido la sanidad.

En fin, estos son unos cuantos de los muchos motivos por los cuales puede haber un impedimento para que la persona sea sana.

Dios utiliza muchos métodos para sanar a las personas en el nombre de Jesucristo. No nos podemos olvidar que es gracias al sacrificio de Jesucristo que tenemos sanidad para nuestros cuerpos. Él pagó bien caro para que nosotros fuésemos sanos. A continuación te enumero algunos de los métodos que Él nos ha dado para recibir sanidad, si bien estos no son todos:

- Muchos obtienen sanidad a través de la imposición de manos.
- Hay una impartición que fluirá de las manos del creyente hacia la persona enferma.
- Otros la reciben a través de la Palabra de Dios, recibiéndola y declarándola.
- Dios usa a los ministros con dones de Sanidad.

- La oración de fe de los ancianos de la iglesia, con unción de aceite, como está descrito abajo:

"¿Está alguno enfermo entre vosotros? Llame a los ancianos de la iglesia, y oren por él, ungiéndole con aceite en el nombre del Señor." Santiago 5:14.

Existe una pregunta que muchos hacen y es la siguiente: ¿Se puede orar una y otra vez por la persona enferma o esto demuestra carencia de fe? Jesús lo hizo y si Él lo hizo entonces nosotros también lo podemos hacer. No debemos juzgar a los que piden oración una y otra vez. Hay muchos que piden oración porque no han recibido la sanidad deseada todavía. En esos casos debemos pensar que esta persona se siente adolorida por no haber sido curada anteriormente; pero hay que seguir la oración de fe a favor de esa persona con mucho amor y comprensión, ya que sabemos que el deseo del Padre es que ella sane.

Recuerda algo muy importante: Dios no nos hace responsables de curar a nadie. Él es el único que cura. Nuestra tarea es orar y creer lo que dice la Biblia.

Sería provechoso que leyeras los cuatro evangelios y subrayaras en ellos cada vez que Jesucristo sanó a alguien. Esto te dará gran fe para orar por los enfermos y para que —si algún día tú necesitas sanidad— sepas sin duda alguna que es la voluntad de Jesucristo sanar tu cuerpo.

Sugerencia: Permíteme recomendarte un libro excelente que trata acerca de la sanidad física. El libro se llama "Cristo El Sanador", de F. F. Bosworth. Es uno de los libros más completos que existe en este tema. Estoy segura que te ayudará grandemente en tu crecimiento espiritual acerca de este tema.

ANOTACIONES

CAPÍTULO 11

El mundo espiritual

Los creyentes actuales están siendo constantemente bombardeados con información falsa acerca de los ángeles y los demonios, a través de nuestra cultura popular. Es muy importante que sepamos exactamente lo que la Biblia dice al respecto.

Dios, el Creador, existía antes de la Creación. Los ángeles, por otro lado, fueron creados por Dios. Los ángeles son seres finitos: A pesar de su evidente superioridad como seres creados, los ángeles también son dependientes de tiempo y espacio. Aunque son más poderosos y de una inteligencia superior a la humanidad, los ángeles no son ni omniscientes, ni omnipotentes ni omnipresentes como Dios.

Los ángeles son a menudo descritos como el

"ejército de los cielos". Ellos no envejecen, no tienen hambre ni se cansan. En muchas ocasiones los ángeles pueden aparecer en forma corporal –como en el caso del anuncio del nacimiento de Cristo–, y también pueden afectar el mundo material con su gran poder (considera los ángeles que controlan los vientos en *Apocalipsis 7: 10-3*).

Los ángeles no están sujetos a la muerte *(Lucas 20: 36)*, ni se reproducen *(Marcos.12: 25)*, lo cual nos lleva a la conclusión de que su número ha sido el mismo desde su creación. Al igual que nosotros, poseen personalidad e individualidad y han sido creados para servir y adorar a Dios. Como en el caso de los seres humanos, ellos tienen libre albedrío y su servicio y adoración no son obligatorios, pero son algo que Dios desea recibir por parte de los ángeles voluntariamente. Los ángeles no deben ser adorados *(Apocalipsis 19: 10 y 22: 9; Jer.19: 13.; Col.2: 18)*.

En el reino espiritual se encuentran los arcángeles, los ángeles, los ángeles de la guarda, los querubines, los serafines y las Cuatro Criaturas Vivientes. Los arcángeles son los jefes de los ángeles, los ángeles son los mensajeros de Dios. Los ángeles de la guarda cuidan a los hijos de Dios desde que nacen y continúan con ellos por toda su vida. Ver *Salmos 34:7*.

Los querubines y los serafines, junto a las Cuatro Criaturas Vivientes, tienen un papel importante en el cielo sirviendo a Dios. Su primer deber es glorificar y alabar a Dios constantemente y se estima que también pueden ser los ángeles personales de los acompañantes de Dios. No se nos dice cuántos serafines existen, pero hay más de uno.

La Biblia nos da el nombre de tres arcángeles en especial, que son Miguel, Gabriel y Lucifer. Cuando Dios creó a Lucifer, (ahora conocido como Satanás) él tenía la responsabilidad de los ángeles asignados a la adoración. Miguel está a cargo de los ángeles guerreros que se oponen al mal y la injusticia. Gabriel y sus ángeles son asignados para llevar el mensaje de Dios a las personas.

Al encabezar a sus ángeles en adoración a Dios, Lucifer decidió que la adoración debería ser dirigida a él porque a su juicio, él era tan bueno como Dios y el honor igual merecido. De hecho, decidió que él debería ser Dios. Satanás era originalmente la criatura angelical dotada con honores extraordinarios. "Lucifer" *(Is.14: 12)* era el modelo de simetría, fue creado con la mayor sabiduría y su cuerpo estaba adornado con magníficas joyas e instrumentos. Era el "querubín", encargado de la más alta responsabilidad angelical y en la posición más alta de honor *(Ezequiel 28: 11 al 14)*.

Dios creó a Satanás "sin culpa", como Ezequiel 28:15 nos dice. Esto es algo muy importante, porque a través de este pasaje se nos asegura que la decisión de Satanás de pecar no era una acción inevitable que originaría con Dios, sino que era una decisión de libre albedrío por parte de Satanás. Satanás fue creado sin pecado, y sin necesidad de pecar.

Él y sólo él es el que tiene la responsabilidad completa por todos los problemas que ha traído a sus compañeros, los ángeles caídos, a la humanidad, y sobre sí mismo. Dios no tiene ninguna culpa de la caída de Satanás. Satanás tuvo la oportunidad de utilizar el libre albedrío que Dios le dio para rechazar a Dios y seguir en cambio, el camino del mal.

Con un orgullo exorbitante sobre las cualidades y atributos que Dios le había dado, Satanás se enalteció y condujo a su vez un plan diabólico contra su Creador.

"En Edén, en el huerto de Dios estuviste; de toda piedra preciosa era tu vestidura; de cornerina, topacio, jaspe, crisólito, berilo y ónice; de zafiro, carbunclo, esmeralda y oro; los primores de tus tamboriles y flautas estuvieron preparados para ti en el día de tu creación. Tú, querubín grande, protector, yo te puse en el santo monte de Dios, allí estuviste; en medio de las piedras de fuego te paseabas. Perfecto eras en todos tus caminos desde el día que fuiste creado, hasta que se halló en ti maldad. A causa de la multitud de tus contrataciones fuiste lleno de iniquidad, y pecaste; por lo que yo te eché del monte de Dios, y te arrojé de entre las piedras del fuego, oh querubín protector. Se enalteció tu corazón a causa de tu hermosura, corrompiste tu sabiduría a causa de tu esplendor; yo te arrojaré por tierra; delante de los reyes te pondré para que miren en ti. Con la multitud de tus maldades y con la iniquidad de tus contrataciones profanaste tu santuario; yo, pues, saqué

fuego de en medio de ti, el cual te consumió, y te puse en ceniza sobre la tierra a los ojos de todos los que te miran. Todos los que te conocieron de entre los pueblos se maravillarán sobre ti; espanto serás, y para siempre dejarás de ser". (Ezequías 28:13 al 19).

El resultado final fue una rebelión a gran escala entre los ángeles, donde un tercio de los ángeles escogieron seguir a Satanás y rebelarse contra Dios. Así que ahora leemos que Satanás está constantemente en guerra contra Dios, sus ángeles y contra la raza humana, deseando traer destrucción a todos nosotros. Al igual que los ángeles, nosotros tenemos libre albedrío y podemos escoger servir a Dios o servir a Satanás.

En el mundo espiritual también existen los demonios pero la Biblia no nos revela su origen. De lo que sí nos habla es de cómo los demonios afectan a los seres humanos. Algo que es muy interesante es que los demonios desean vivir en un cuerpo humano. Los ángeles no están interesados en habitar el cuerpo humano.

Podemos leer la historia de un demonio que tomó posesión de una persona hasta que Jesucristo lo echó. La mayoría se ellos se quedan con la persona hasta que se le fuerza a salir o hasta que la persona muere. Jesucristo nos delegó su autoridad y nos dijo que en su Nombre, echaríamos fuera a los demonios.

"Estaba Jesús echando fuera un demonio, que era mudo; y

acontenció que salido el demonio, el mudo habló; y la gente se maravilló". (Lucas 11:14).

Los demonios también tienen su organización. La Biblia nos relata que una legión de demonios (que tal vez fueran miles) poseía a una persona. En nuestro mundo físico dos cosas no pueden habitar en el mismo espacio, pero en el área espiritual, miles de demonios pueden ocupar a una persona. Jesucristo les preguntó su nombre y esta fue la respuesta:

"le preguntó: ¿Cómo te llamas? Y respondió diciendo: Legión me llamo; porque somos muchos".(Marcos 5:9).

Los demonios pueden oprimir, deprimir, obsesionar y poseer a una persona. Permíteme explicarte.

La opresión de una persona comienza en la mente, y la estrategia del enemigo es el control de la mente. Las personas que son carnales pueden ser fácilmente influenciadas, y caer en el engaño. El antídoto es renovar la mente con la Palabra de Dios.

La persona que tiene una **obsesión demoníaca** es una persona que se encuentra influida por el demonio. Sus pensamientos están distorsionados y, sin ayuda, es posible que caiga en un estado de obsesión profunda. La obsesión demoníaca no es exactamente lo mismo que posesión demoníaca, pero es un escape de la realidad que puede conducir (y a menudo lo hace), a este estado final.

La posesión por parte del demonio es el caso más

severo, y casi siempre se observa por los ataques contra el cuerpo físico. En muchos casos, la posesión demoníaca absoluta lleva a la persona a la locura. Hay muchas diferencias en el grado y tipo de posesión demoníaca.

"y sucede que un espíritu le toma, y de repente da voces, y le sacude con violencia, y le hace echar espuma, y estropeándole, a duras penas se aparta de él". (Lucas 9:39).

El hombre fue hecho a imagen de Dios y era el propósito divino que su ser fuera la morada de Dios y no de los demonios. La Biblia enseña que Satanás no tiene el derecho de poseer al que es nacido de Dios.

"Sabemos que cualquiera que es nacido de Dios, no peca; mas el que es engendrado de Dios, se guarda a sí mismo, y el maligno no le toca". (1ª de Juan 5:18).

Jesucristo nos ha dado autoridad sobre todo demonio, y debemos vivir nuestras vidas sin miedo y hacer cumplir esta autoridad divina en otros que necesitan liberación de esa opresión.

"Y estas señales seguirán a los que creyeren: En mi nombre echarán fuera demonios" (Marcos 16:17).

Sugerencia: Pablo Bottari es una eminencia en este tema. El ha escrito un libro titulado "Libres en Cristo".

ANOTACIONES

CAPÍTULO 12

Tu autoridad espiritual

Todo hijo de Dios debe de tener un verdadero conocimiento acerca de los siguientes puntos: hemos sido perdonados, justificados, santificados y Dios nos ha convertido en nuevas criaturas, hijos de Dios, los cuales se hallan en buena relación con Él. Pero, aparte de estas revelaciones, existen otras grandes revelaciones en la Palabra de Dios y la autoridad espiritual es una de ellas.

"Entonces dijo Dios: Hagamos al hombre a nuestra imagen, conforme a nuestra semejanza; y señoree en los peces del mar, en las aves de los cielos, en las bestias, en toda la tierra, y en todo animal que se arrastra sobre la tierra. Y creó Dios al hombre a su imagen, a imagen de Dios lo creó; varón y hembra los creó. Y los bendijo Dios, y les dijo: **Fructificad y multiplicaos; llenad la tierra, y sojuzgadla, y señoread** *en los peces del*

mar, *en las aves de los cielos, y en todas las bestias que se mueven sobre la tierra. (Génesis 1:26-28)".*

¿Cuál era la misión de Adán y Eva? Fructificarse, multiplicarse y sojuzgar la tierra. Un sinónimo de sojuzgar es dominar, avasallar, vencer. El deseo de Dios era que el huerto de Edén se extendiese. Muchos teólogos exponen que fuera del huerto existía un gran caos; que el resto del planeta estaba bajo la influencia nefasta del enemigo y Dios escogió traer orden a la tierra a través del hombre.

Sabemos que las instrucciones que Dios le dio al hombre fue el de señorear la Tierra, lo cual significa mandar; adueñarse; someter; apoderarse y reinar, dándonos la impresión de que tenía que dominar un ámbito inhóspito. En la siguiente cita bíblica leemos que Dios le otorgó la Tierra a la raza humana para que ella se encargara de llevar su voluntad y su plan en la tierra.

"Los cielos son los cielos de Jehová; Y ha dado la tierra a los hijos de los hombres". (Salmo 115:16).

Como sabemos, Adán y Eva no llevaron a cabo su misión. En vez de obedecer a Dios, cedieron a la tentación del diablo, perdiendo primeramente su relación con Dios y en consecuencia su autoridad espiritual sobre el huerto, y la oportunidad de cambiar el resto de esta tierra.

Dios había escogido a Adán para ser el representante de la raza humana, y fue porque Adán pecó que la muerte trascendió a todos nosotros. Dios, en su gran amor hacia nosotros le hizo la promesa a Adán y Eva de que un día la simiente de la mujer le heriría la cabeza a la serpiente (el diablo), siendo esta es la promesa de un Redentor que los restauraría con Dios.

Según pasaron los años, el diablo atacó a todo aquel que podría ser el enviado por Dios para destruirlo. Él temía la llegada del Mesías. Pero Dios no miente, y llegó el día en que vino a esta tierra el Mesías prometido por Dios y profetizado durante siglos.

Cuando Jesucristo apareció en escena, no dejó ninguna duda acerca de quién era Él y de su autoridad. Reinó sobre las leyes de la naturaleza caminando sobre el agua, controlando las fuerzas de la naturaleza, calmando tempestades. Reinó sobre las leyes físicas multiplicando alimentos, convirtiendo el agua en vino. Él tenía dominio sobre la enfermedad, y poder para resucitar los muertos; y podríamos continuar esta lista con muchísimos más actos que hizo Jesucristo.

El diablo trató de tentar a Jesucristo pero no tuvo éxito. Es más, en una de sus tentaciones él le dice a Jesucristo que esta tierra le pertenecía:

"Y le llevó el diablo a un alto monte, y le mostró en un momento todos los reinos de la tierra Y le dijo el diablo: A ti te daré toda esta potestad, y la gloria de ellos; porque a mí me ha sido entregada, y a quien quiero la doy. (Lucas 4: 5, 6,7)".

Jesucristo mismo nos confirma que Satanás es el príncipe de este mundo.

"No hablaré ya mucho con vosotros; porque viene el príncipe de este mundo, y él nada tiene en mí".(Juan 14:30).

El diablo fue derrotado por un hombre, Jesucristo, el cual se hallaba en relación correcta con Dios, por eso la Biblia se refiere a Él como el Hijo del Hombre. También se refiere a Él como el último Adán.

"el Hijo del Hombre no vino para ser servido, sino para servir, y para dar su vida en rescate por muchos". (Mateo 20:28).

El primer Adán fue tentado y no pasó la prueba, y por él, todos nacimos en pecado. Pero Jesucristo, el último Adán, fue tentado igual que el primero pero permaneció sin pecado, y vivió una vida perfecta satisfaciendo la justicia. Jesucristo es el único *"... que fue tentado en todo según nuestra semejanza, pero sin pecado" (Hebreos 4:15).* El último Adán invirtió los efectos de la Caída. Adán desobedeció a Dios terriblemente. Jesús obedeció perfectamente a su Padre.

El primer Adán comenzó con todo provisto para él en el Huerto del Edén y lo perdió todo. El último Adán comenzó con nada, en un establo, y terminó con todo. A través de la desobediencia del primer Adán todos los hombres fueron hechos pecadores, sin embargo, a través del último Adán todos hemos recibido perdón y restauración con Dios.

"Porque así como por la desobediencia de un hombre los muchos fueron constituidos pecadores, así también por la obediencia de uno, los muchos serán constituidos" *(Romanos 5:19).*

Esa justicia atribuida que hemos recibido como creyentes es su regalo para nosotros. No es porque la merecemos o la hemos ganado. Es nuestra porque Él nos ha adoptado y nos colocó en su familia. Debido a este maravilloso y misericordioso plan de Dios, Satanás no tiene poder ni autoridad para reclamar a los que han sido comprados por Cristo, los cuales han sido comisionados para hacer cumplir la voluntad de Dios a través de su autoridad, delegada en sus vidas individuales.

"Y Jesús se acercó y les habló diciendo: **Toda potestad me es dada en el cielo y en la tierra.** *Por tanto, id, y haced discípulos a todas las naciones, bautizándolos en el nombre del Padre, y del Hijo, y del Espíritu Santo;"* *(Mateo 28:18,19).*

Jesucristo nos enseña que Él tiene todo el poder en cielo y en la tierra. El poder es la fuerza necesaria para gobernar y su autoridad delegada es el derecho que nos da para para llevar a cabo su voluntad en esta tierra. Jesucristo nos ha indicado claramente que es Satanás el que viene a hurtar, matar y destruir pero el propósito de Jesucristo es que nosotros tengamos vida en abundancia.

"El ladrón no viene sino para hurtar y matar y destruir; yo he venido para que tengan vida, y para que la tengan en abundancia" (Juan 10:10).

En este mundo donde existe una batalla entre el bien y el mal, Jesucristo nos ha dado las llaves del reino perdido: ahora nos toca a nosotros utilizarlas.

"Y a ti te daré las llaves del reino de los cielos y todo lo que atares en la tierra será atado en los cielos; y todo lo que desatares en la tierra será desatado en los cielos." (*Mateo 16:19*).

¿Qué era lo que nos enseñaba Jesucristo con estas instrucciones? Cuando Jesucristo utilizó la palabra "llaves" la utilizó en un sentido figurativo, para denotar el significado de "acceso". El dar una llave era dotar autoridad. En ese tiempo, cuando los judíos elegían a un doctor de la ley, colocaban en las manos de la persona las llaves de la biblioteca del templo. Estas llaves daban a la persona acceso a los escritos de los eruditos, y significaba que esta persona llenaba todos los requisitos para ser maestro de la ley.

Jesucristo nos ha dado las llaves del reino, y eso significa que nos consideró dignos y nos dio el privilegio y la responsabilidad de hacer cumplir la voluntad de Dios en esta tierra. Es una gran responsabilidad que descansa en nuestros hombros, pero recuerda que somos similares a un policía que hace que los ciudadanos cumplan con las leyes. El gobernante es Dios, y nosotros nos adherimos a ejecutar su voluntad en esta tierra. No tenemos que vivir nuestras vidas en derrota sino en triunfo. Él nos ha empoderado para llevar a cabo este propósito.

"He aquí os doy potestad de hollar serpientes y escorpiones, y sobre toda fuerza del enemigo, y nada os dañará" (Lucas 10:19).

Tenemos que aprender a ejercer nuestra autoridad espiritual; no permitir que sucedan cosas destructivas y, a la misma vez, debemos desatar las bendiciones de Dios para que vengan a muchos. Satanás solo puede llegar tan lejos como tú se lo permitas. Tú defines qué tanto él puede avanzar. Estamos en una guerra espiritual y si tú no pones limitaciones, él tratará de subyugar todo lo que pueda.

Tal como a un policía le ha sido conferida autoridad por parte de su gobierno para asegurarse que todos los ciudadanos observen la ley, tú y yo también hemos recibido esta autoridad en el mundo espiritual. Si el policía no cumple con su comisión y deja que los ciudadanos rompan la ley, en poco tiempo habrá gran desorden en esa ciudad. Lo mismo sucede en el área espiritual: no podemos dejar que Satanás haga desórdenes en nuestras vidas ni en las de nuestros seres queridos.

Jesucristo es nuestro modelo. De la misma manera que Él se desempeñó en esta tierra, de esa manera nosotros también debemos de hacerlo.

Sugerencia: Si deseas estudiar a fondo este tema, te sugiero leer mi libro "Evidencia y Veredicto".

ANOTACIONES

CAPÍTULO 13

La guerra espiritual

Ya sabemos que Dios no es el culpable de que las personas experimenten dolor, miseria y sufrimiento; y que a nosotros nos toca demandar e implementar la voluntad de Dios para todo ser humano, lo cual lo hacemos a través de nuestras oraciones y declaraciones de fe.

Nos hemos dado cuenta de que nos encontramos en una guerra entre el bien y el mal. Ambas fuerzas están luchando por nuestra atención. Por un lado se encuentra Dios, deseando rescatarnos, y por el otro Satanás, deseando destruirnos.

En esta guerra existen ciertos criterios que es necesario que tú sepas para poder ser vencedor en medio de ello. Y para poder ganar en medio de esta batalla déjame comenzar a describir el ámbito espiritual que afecta nuestro mundo.

La mayoría de los teólogos ha adoptado la creencia de que existen 3 cielos. El Apóstol Pablo nos dice:

> *"Conozco a un hombre en Cristo, que hace catorce años (si en el cuerpo, no lo sé; si fuera del cuerpo, no lo sé; Dios lo sabe) fue arrebatado hasta el tercer cielo (2 Corintios 12:2)".*

Se considera que el tercer cielo es donde reside nuestro Padre Celestial. No tenemos mucha información acerca del segundo cielo. Ciertos maestros bíblicos piensan que es donde se encuentran los planetas y el sistema solar, otros piensan que no existe, mientras otros piensan que es el sitio donde toman lugar las batallas espirituales entre los ángeles y los demonios, basándose en la Biblia, donde Daniel menciona una guerra espiritual.

> *"Mas el príncipe del reino de Persia se me opuso durante veintiún días; pero he aquí Miguel, uno de los principales príncipes, vino para ayudarme, y quedé allí con los reyes de Persia" (Daniel 10:13).*

Cuando Satanás presentó su caso contra Job, se estima que fue en este lugar. Muchos teólogos consideran que éste es el sitio donde residen los demonios y ángeles caídos. Fíjate que la palabra "cielos" es plural, denotando varios y que la tierra es el área dada por Dios al hombre. En Efesios 2:2 leemos acerca de Satanás que él es el príncipe de la potestad del aire.

Esta tierra, que ha sido dada al hombre por Dios, es regida por ciertas reglas espirituales y entre ellas está la asignación de nuestra dimensión espiritual. Cuando una persona está siendo atacada por opresión demoníaca, entonces ese espíritu está fuera de su jurisdicción, y por consecuencia, nosotros podemos exigir la libertad de la persona.

Una palabra de gran cautela. Conozco muchas personas que "luchan" en oración contra poderes y principalidades que poseen un área geográfica y esto pone a la persona en peligro, ya que NO tenemos jurisdicción sobre el segundo cielo. Solo Dios tiene la autoridad sobre ellos, y debemos pedirle a Dios que sea Él el que se encargue de ellos.

Cuando leemos la Biblia, observamos que los apóstoles no atacaban los poderes y principalidades sobre la región. La opresión en esa área ocurre normalmente porque los líderes y las personas que viven en esa ciudad o área geográfica han endurecido su corazón contra Dios y nuestra oración es que Dios cambie su corazón y su disposición hacia Él y se arrepientan, de esta manera Dios desplaza estos poderes y principalidades. Hemos sido enseñados a orar de esta manera:

"Exhorto ante todo, a que se hagan rogativas, oraciones, peticiones y acciones de gracias, por todos los hombres; por los reyes y por todos los que están en eminencia, para que vivamos quieta y reposadamente en toda piedad y

honestidad. (1 Timoteo 2:1,2)".

Un ejemplo de oración sería orar por la persona que tal vez está considerando cometer un aborto, pero no podemos tomar autoridad contra los poderes y principalidades de esa ciudad que inculcan a los residentes a cometer abortos.

Yo me he encontrado en círculos donde muchos creen que no sólo tienen la autoridad para reprender al diablo, sino que creen que tienen que reprenderlo continuamente. No hay ninguna base bíblica para tal creencia. Satanás fue creado por Dios y no es omnipresente. Sólo puede estar en un lugar a la vez, y la probabilidad de que él vaya personalmente a hostigarte es casi ridícula. Pero lo que sí tiene Satanás es legiones de demonios que hacen su voluntad, y están por todos lados tratando de destruir a los hijos de Dios.

> *"Porque no tenemos lucha contra sangre y carne, sino contra principados, contra potestades, contra los gobernadores de las tinieblas de este siglo, contra huestes espirituales de maldad en las regiones celestes". (Efesios 6:12).*

Nuestra guerra espiritual es contra la milicia del enemigo y no está basada en lo que nosotros hacemos, pero es fundada en el triunfo de Jesucristo en la cruz. Nuestra parte es exigir y establecer esta victoria. Las instrucciones que recibimos acerca de este tema no son de reprender al diablo, sino de resistirlo.

"Someteos, pues, a Dios; resistid al diablo, y huirá de vosotros". (Santiago 4:7).

La palabra "huirá" significa correr aterrorizado. Él corre aterrorizado no porque seamos personas especiales, sino por la autoridad que Dios nos ha conferido.

No es necesario que un cristiano le tema a Satanás o a sus huestes, porque Dios nos ha dado armas poderosas para esta guerra espiritual al igual que protección divina. Pero para que esta arma sirva, se tiene que usar. Tienes que aprender a utilizar tus armas espirituales, y entre ellas está tu autoridad espiritual, tema que hemos descrito a fondo. Sin embargo esta no es la única arma que Dios nos ha obsequiado, tenemos otras armas poderosas, tales como la oración, el ayuno, la fe, y otras más.

Sugerencia: El libro de Kenneth E. Hagin titulado "Planes, propósitos y ejecuciones", contiene información acerca de este tema.

ANOTACIONES

CAPÍTULO 14

La armadura de Dios

Todos nosotros hemos sido llamados a ser soldados de oración funcionando en el poder y la fuerza del Espíritu Santo, y para ello Dios nos ha dado una armadura espiritual descrita en *Efesios 6 del 10 al 18*. Las piezas de esta armadura consisten en armas para la defensa espiritual, pero incluyen también armas ofensivas tales como la espada del Espíritu, que es la Palabra de Dios más la oración.

La armadura de Dios es algo que siempre está a tu disposición, no es algo físico pero es una nueva forma de vivir en esta tierra. Es ante esto que es muy importante su estudio y modo de uso.

"Por lo demás, hermanos míos, fortaleceos en el Señor, y en el poder de su fuerza. Vestíos de toda la armadura de Dios, para que podáis estar firmes contra las

asechanzas del diablo. *Porque no tenemos lucha contra sangre y carne, sino contra principados, contra potestades, contra los gobernadores de las tinieblas de este siglo, contra huestes espirituales de maldad en las regiones celestes. Por tanto, tomad toda la armadura de Dios, para que podáis resistir en el **día malo**, y habiendo acabado todo, estar firmes" (Efesios 6:10 al 13).*

Este texto comienza con una advertencia de vestirnos con toda la armadura de Dios, para poder estar firmes contra las asechanzas o artimañas del diablo. La palabra artimaña significa "constante presión que ocurre de la misma manera que sucede cuando una gota golpea sobre una piedra", y también nos advierte acerca del día malo. ¿Cuál es el día malo? Es cuando ataca la enfermedad, cuando el dinero no alcanza, cuando el esposo deja el hogar. Y aquí, el Apóstol Pablo nos explica con detalles acerca de esta armadura.

"Estad, pues, firmes, ceñidos vuestros lomos con la verdad, y vestidos con la coraza de justicia, y calzados los pies con el apresto del evangelio de la paz. Sobre todo, tomad el escudo de la fe, con que podáis apagar todos los dardos de fuego del maligno. Y tomad el yelmo de la salvación, y la espada del Espíritu, que es la palabra de Dios; orando en todo tiempo con toda oración y súplica en el Espíritu, y velando en ello con toda perseverancia y súplica por todos los santos" (Efesios 6:14 al 18).

Vamos a detallar cada pieza de la armadura a continuación:

El cinturón. *Ceñidos vuestros lomos con la verdad.* Antiguamente, la vestimenta del soldado consistía de una larga túnica con un cinturón, que era donde portaban la espada y también descansaba toda la armadura. Cuando ellos iban a la batalla lo primero que hacían era recogerse la túnica para no tropezarse, y con el exceso de la tela, la enroscaban sobre su cintura para así proteger sus órganos vitales de algún ataque de una lanza o cuchillo. La Palabra de Dios es Verdad, tal como leemos en Juan 17:17, y nos ayuda a no tropezar, nos equilibra y nos protege. Si nuestros lomos están ceñidos con su Palabra, podemos ir con pie seguro donde quiera que vayamos, sin temer el deslizar, ni caer, y nuestros órganos vitales van a estar protegidos.

La coraza. *"Vestidos con la coraza de justicia".* La coraza protege tu corazón y la justicia mencionada aquí no es nuestra propia justicia, sino que es la justicia que ya te fue entregada por Dios. La justicia es símbolo de santidad y de rectitud y es una de las características de Dios, la cual todo creyente debe poseer. Esta justicia te da el derecho de tener paz en tu mente, saber que Él te perdonó, te salvó, y te está bendiciendo. No somos justos por nuestras obras, sino por sus obras.

El calzado. *"Y calzados los pies con el apresto del evangelio de la paz".* El calzado significa firmeza espiritual. Los zapatos de un soldado romano eran sandalias y estaban diseñadas con ganchos especiales para lograr que tuvieran paso firme. Por las noches, se las desenlazaban para descansar, pero cuando estaban en tiempo de batalla, ellos dormían con sus pies calzados, listos para salir a la defensa. Nosotros debemos estar siempre preparados para llevar el mensaje del Evangelio, el cual es paz.

El escudo. *"Sobre todo, tomad el escudo de la fe, con que podáis apagar todos los dardos de fuego del maligno".* Este escudo no era un escudo como otro cualquiera, era un escudo grandísimo casi del tamaño de una puerta, que cubría al soldado completamente. Detrás de este escudo había protección total. El escudo nuestro es la fe, y la fe es la victoria. Este escudo sirve para protegernos y también para proteger a nuestros seres queridos. La fe es un arma de defensa y protección para el creyente.

El yelmo o casco. *"Y tomad el yelmo de la salvación".* Un yelmo protege nuestra mente, no dejando que los dardos de duda, miedo y tentación penetren el yelmo de nuestra salvación. Bien lo afirma Pablo hablando a los creyentes para que estos no dejen que el diablo ponga dudas en sus cabezas acerca de su salvación, o les coloque pensamientos erróneos que los alejen de Dios. Muchas de las batallas del cristiano se llevan a cabo en la mente.

La espada. *"Y la espada del Espíritu, que es la palabra de Dios".* Ahora nos referimos a las armas ofensivas por parte del creyente. Es necesario que el hijo de Dios conozca la palabra de Dios para que pueda atacar al enemigo cuando llegue el día malo, y que sepa usar la verdad de la Palabra para derrotar los ataques del enemigo.

La Palabra de Dios sirve tanto de aliento para el creyente como para atacar al enemigo. Cuando Jesús fue tentado por el diablo, la forma en que triunfó fue cuando le respondió utilizando la Palabra de Dios, porque la palabra de Dios es viva y eficaz, es más cortante que toda espada de dos filos; y penetra hasta partir el alma y el espíritu, las coyunturas y los tuétanos, y discierne los pensamientos y las intenciones del corazón (Hebreos 4:12).

Pero fíjate que no dice nada acerca de proteger la espalda. ¿Por qué? Los soldados romanos nunca le daban la espalda al enemigo ni se retiraban del combate. Ellos caminaban juntos en formación y siempre había otro detrás cubriéndoles las espaldas. Nosotros, los hijos de Dios, debemos de aprender a protegernos del enemigo y cubrirnos las espaldas el uno al otro con nuestras oraciones y acciones.

La oración. *"Orando en todo tiempo con toda oración y súplica en el Espíritu".* Otra arma ofensiva. Cada uno de nosotros hemos sido llamados a orar sin cesar. Cuando Pablo comienza a hablar acerca de la lucha espiritual, nos ordena que busquemos la fortaleza en el Señor o el poder de su fuerza. La oración constante es la única manera en la cual el creyente puede fortalecerse espiritualmente. La oración debe de estar presente antes, durante y después de la batalla.

La vigilancia. *"Velando con perseverancia y súplica por los santos"*. La vigilancia es muy importante en la vida del soldado. Un soldado que está en vela no podrá ser sorprendido y destruido fácilmente. Si tú y yo estamos en continua vigilancia podremos identificar cuándo el enemigo está planeando un ataque contra nosotros o nuestros seres queridos, y podremos parar el ataque antes de que suceda. Por eso la oración de intercesión es de gran valor para nuestras vidas espirituales.

Si meditas a profundidad los conceptos espirituales de la armadura, te darás cuenta de que describen nuestro estilo de vida según nos enseña la Palabra de Dios.

Debemos vivir nuestras vidas en verdad, en justicia, proclamando el evangelio, teniendo fe en Dios, seguros en nuestra salvación; y cuando seamos tentados, utilizando la Palabra de Dios que hace huir al enemigo y protegiéndonos en vigilancia contra cualquier arma que el enemigo desee traer contra nosotros o nuestros seres queridos. Si vivimos nuestras vidas de esta manera, tendremos victoria en toda ocasión.

Sugerencia: El libro titulado "Una grieta en su armadura" por Perry Stone.

ANOTACIONES

_____

_____

_____

_____

_____

_____

_____

_____

_____

_____

_____

_____

_____

_____

_____

_____

_____

_____

_____

_____

_____

_____

_____

_____

_____

_____

_____

CAPÍTULO 15

Otras armas espirituales

D ios nos ha entregado un arsenal de armas espirituales ofensivas y a continuación enumeraré algunas de ellas.

El nombre de Jesús. Jesucristo nos explicó en detalle que Dios le ha entregado un nombre que está sobre todo; por lo cual Dios también le exaltó hasta lo sumo y le dio un nombre que está sobre todo nombre, para que en el nombre de Jesús se doble toda rodilla de los que están en los cielos y en la tierra, y debajo de la tierra; y toda lengua confiese que Jesucristo es el Señor, para gloria de Dios Padre. El orar en el nombre de Jesús significa orar con Su autoridad delegada, y es esencial cuando echamos fuera demonios y oramos por los enfermos.

"Volvieron los setenta con gozo, diciendo: Señor, aun los

demonios se nos sujetan en tu nombre". (Lucas 10:17).

Oración. La oración genera poder ilimitado para beneficiarte y beneficiar a otros. Y no solo eso, sino que cambia el mundo a tu alrededor. Ya hemos descrito sus beneficios y su uso como herramienta espiritual en el capítulo previo.

"La oración eficaz del justo puede mucho." (Santiago 5:16).

El ayuno. Se encuentra entre las herramientas de guerra espiritual contra la opresión, en aquellos casos en que la oración por sí sola no puede superar. Derrumba la incredulidad y se usa especialmente cuando se ministra a personas que están poseídas por espíritus inmundos.

"Pero tú, cuando ayunes, unge tu cabeza y lava tu rostro, para no mostrar a los hombres que ayunas, sino a tu Padre que está en secreto; y tu Padre que ve en lo secreto te recompensará en público." (Mateo 6: 17-18).

"Cuando él entró en casa, sus discípulos le preguntaron aparte: ¿Por qué nosotros no pudimos echarle fuera? Y les dijo: Este género con nada puede salir, sino con oración y ayuno." (Marcos 9: 28-29).

La Biblia nos presenta numerosos ejemplos de ayuno en diferentes situaciones tales como para pedirle auxilio a Dios en casos críticos, o en caso de peligro, cuando hay que hacer decisiones importantes y en la batalla contra el demonio.

La unción con aceite. Otra herramienta de guerra espiritual contra la enfermedad, los malos espíritus, debilidad y otras cargas. El aceite en sí no tiene ningún poder mágico divino. Es nuestra fe y obediencia al usarlo, cuando es necesario, lo que permite a Dios hacer la obra milagrosa.

"¿Está alguno enfermo entre vosotros? Llame a los ancianos de la iglesia, y oren por él, ungiéndole con aceite en el nombre del Señor" (Santiago 5:14).

La fe. Es una de nuestras herramientas de guerra espiritual contra la duda, el miedo, el "espíritu de la desesperación", Nos llena de paciencia y de perseverancia para esperar por el resultado. En el próximo capítulo haremos un estudio más extenso de esta gran arma espiritual.

"Los muchachos se fatigan y se cansan, y los jóvenes tropiezan y caen; pero los que esperan en el Señor renovarán sus fuerzas. Se elevarán en las alas como las águilas; correrán y no se cansarán, caminarán y no se cansarán" (Isaías 40-30-31).

La alabanza. Esta herramienta se utiliza contra la ingratitud, el murmurar, la queja, la duda, el miedo, y otros más. Esto incluye escuchar la música de alabanza y adoración, oraciones de acción de gracias por las oraciones contestadas, oraciones de alabanza y adoración, y el mantenimiento de un estilo de vida de acción de gracias.

Mantener la confesión positiva. Nuestras palabras afectan el ambiente espiritual en que vivimos y también el de nuestros seres queridos. Debemos declarar a todo tiempo bendiciones y utilizar nuestras palabras para traer paz.

Sugerencia: "La Palabra, El Nombre, La Sangre", por Joyce Meyer.

ANOTACIONES

CAPÍTULO 16

Desarrolla tu fe

¿Qué es la fe? Es, pues, la fe la certeza de lo que se espera, la convicción de lo que no se ve." (Hebreos 11:1).

La Biblia tiene mucho qué decir acerca de la fe. La fe cristiana se basa en las promesas de Dios, en lugar de sentimientos o cosas visibles. La fe se aferra a recibir la respuesta a pesar de las apariencias externas. El que verdaderamente cree y tiene fe, actuará en la Palabra de Dios, con la perfecta seguridad de que se le concedió su petición.

La Biblia nos enseña que **nuestra fe puede desarrollarse**. La forma de desarrollar nuestra fe es oyendo la Palabra de Dios. Por eso es tan importante declarar la Palabra de Dios en voz alta, porque cuando tú escuchas tu propia voz declarando lo que Dios dice, esto hará que tu fe crezca en abundancia. El poner en práctica lo que dice Dios es otra forma de desarrollar nuestra fe.

> *"Así que la fe es por el oír, y el oír, por la palabra de Dios" (Romanos 10:17).*

Abraham es conocido como el Padre de la fe, porque Dios le dio la promesa de que iba a tener un hijo pero no fue hasta que él tuvo 100 años que la promesa de este hijo se hizo realidad, como leemos a continuación:

> *"Él creyó en esperanza contra esperanza, para llegar a ser padre de muchas gentes, conforme a lo que se le había dicho: Así será tu descendencia. Y no se debilitó en la fe al considerar su cuerpo, que estaba ya como muerto (siendo de casi cien años, o la esterilidad de la matriz de Sara. Tampoco dudó, por incredulidad, de la promesa de Dios, sino que se fortaleció en fe, dando gloria a Dios, plenamente convencido de que era también poderoso para hacer todo lo que había prometido; por lo cual también su fe le fue contada por justicia." (Romanos 4:18 al 22).*

¿Qué dice la Biblia acerca de la fe? Déjame darte un ejemplo donde vemos la fe en acción.

Había unos leprosos que se encontraron con Jesucristo, y ellos le pidieron que los sanara, y Él les dijo que sí, que los sanaría; pero que fueran al Sacerdote y que se presentaran ante él como era la costumbre judía. Estos leprosos emprendieron su camino, todavía llenos de lepra, pero cuando llegaron ante el Sacerdote estaban limpios de esta terrible enfermedad. Ellos tuvieron fe, aun cuando no tenían la evidencia. El problema que muchos tenemos es que deseamos tener la evidencia antes de dar el primer paso; pero no es así. Tenemos que creer en Dios y luego se manifiesta la petición.

Fe es la certeza de lo que se espera. Es estar seguro de que lo que has pedido te será dado. Basado en la Palabra de Dios tú puedes hacer tu petición esperando recibir la respuesta.

"Y ésta es la confianza que tenemos en él, que si pedimos alguna cosa conforme a su voluntad, él nos oye. Y si sabemos que él nos oye en cualquiera cosa que pidamos, sabemos que tenemos las peticiones que le hayamos hecho.". (1 Juan 5:14).

Existen varios tipos y grados de fe.

Una gran fe. Un centurión (que entonces era como el comandante de un grupo grande de soldados) le había pedido a Jesús que sanara a su criado, el cual se encontraba enfermo. Él se dio cuenta de que las palabras de Jesucristo llevaban autoridad para sanar y su fe en Él era tan grande que hasta Jesucristo se asombró cuando dijo lo siguiente:

"Respondió el centurión y dijo: Señor, no soy digno de que entres bajo mi techo; solamente di la palabra, y mi criado sanará. Porque también yo soy hombre bajo autoridad, y tengo bajo mis órdenes soldados; y digo a éste: Ve, y va; y al otro: Ven, y viene; y a mi siervo: Haz esto, y lo hace. Al oírlo Jesús, se maravilló, y dijo a los que le seguían: De

cierto os digo, que ni aun en Israel he hallado tanta fe" (*Mateo 8:8 al10*).

Una fe fuerte. La historia de Abraham nos revela que Él se fortaleció en fe, dando gloria a Dios, plenamente convencido de que Dios era también poderoso para hacer todo lo que había prometido y por lo tanto, se negó a rendirse o ser derrotado por las circunstancias de que su esposa no podía tener hijos. La fe de Abraham es la manera de recibir lo que podría considerarse imposible y sin precedente. Este tipo de fe se niega a dudar y vacilar cuando las cosas no parecen estar pasando de la manera esperada.

La fe activa. Es cuando la fe entra en acción y actúa como si las cosas solicitadas de Dios, aunque todavía no se vean, son una realidad. La fe activa es un requisito para recibir de Dios.

"Respondiendo Jesús, les dijo: Tened fe en Dios. Porque de cierto os digo que cualquiera que dijere a este monte: Quítate y échate en el mar, y no dudare en su corazón, sino creyere que será hecho lo que dice, lo que diga le será hecho. Por tanto, os digo que todo lo que pidiereis orando, creed que lo recibiréis, y os vendrá." (Marcos 11:22, 23,24).

La fe débil. Una persona débil en la fe podría argumentar continuamente sobre las áreas de la Biblia que no entiende correctamente, pero que se ha formado una opinión personal. Una persona de poca fe encontrará limitadas oportunidades para beneficiarse del Evangelio, y muy poco de la paz y la alegría que debe acompañar a la vida cristiana.

La poca fe. Hay ocasiones en que hay poca fe, como en el caso de los discípulos que estaban asustados en medio de la tormenta.

"Él les dijo: ¿Por qué teméis, hombres de poca fe? Entonces, levantándose, reprendió a los vientos y al mar; y se hizo grande bonanza." (Mateo 8:26).

La fe sin raíz. Jesucristo nos habló de tener fe sin raíz. Es el tipo de fe que brota rápidamente, y a falta de profundidad, falla con la misma rapidez cuando la tentación y las pruebas no llegan rápidamente. En su mayor parte, esto se debe a que el terreno no se ha preparado adecuadamente, y por lo tanto la semilla de la fe muere al poco tiempo.

"creen por algún tiempo, y en el tiempo de la prueba se apartan" (Lucas 8:13).

Fe que titubea. Santiago nos anima a poner la fe en acción Una fe vacilante es una que duda, y es inconstante en todos sus caminos. La incredulidad anula nuestra fe. Una persona de doble ánimo no puede mantener un rumbo coherente de acción, pero vacila un lado a otro, tanto en la fe y en sus peticiones a Dios.

"Pero pida con fe, no dudando nada; porque el que duda es semejante a la onda del mar, que es arrastrada por el

viento y echada de una parte a otra. No piense, pues, quien tal haga, que recibirá cosa alguna del Señor" (Santiago 1: 5-7).

La fe sin obras. Una fe sin obras es pasiva, cree y acepta la Biblia literalmente, pero no toma acción. Muchas personas creen y tienen fe en que Dios puede hacer todo lo que dice su Palabra. Ellos creen en los milagros, pero no actúan en su Palabra.

"Pero alguno dirá: Tú tienes fe, y yo tengo obras. Muéstrame tu fe sin tus obras, y yo te mostraré mi fe por mis obras." (Santiago 2:18).

Fe negativa. Este tipo de fe rehúsa creer y por lo tanto, cierra las puertas del cielo y no recibe nada. No creen que Dios los va a ayudar, que todo va a salir bien, en fin, desatan su fe negativa para recibir cosas malas en vez de buenas. Tenemos que tener mucho cuidado, porque este tipo de fe roba las bendiciones de los hijos de Dios.

En conclusión y basándonos en lo estudiado podemos determinar que:

- Se pide por fe.
- Se recibe por fe antes de tener la evidencia.
- Se espera la respuesta por fe.
- Se alaba a Dios por fe, sabiendo que ya Él nos responderá.

- La oración de fe traerá el resultado esperado en la vida del creyente.

No te desesperes si le hiciste una petición a Dios con fe y no has recibido tu petición. La respuesta vendrá. Mantén tu corazón en forma expectante y esto mantendrá tu fe viva hasta que tu petición llegue a tus manos. Deléitate en Dios, sabiendo que Él ya ha respondido a tu petición.

Sugerencia: El libro de Kenneth E. Hagin titulado "La Fe, lo que es".

ANOTACIONES

CAPÍTULO 17

Aprende a oír la voz de Dios

Dios siempre se ha comunicado con los hombres. Lo hizo en el pasado a través de los profetas, de Jesucristo, y continúa haciéndolo. Él sigue deseando comunicarse con los hombres. Muchas personas permanecen ignorantes acerca de este tema y por consecuencia, no creen que Él les habla y así pierden la oportunidad de escucharlo. La comunicación es parte de su ser y su deseo es hablar con el hombre.

Cuando Adán pecó y fue separado de Dios, cesó en su habilidad de oír a Dios, pero ahora, cuando nos convertimos en hijos de Dios por fe en la muerte y resurrección de Jesucristo, tú y yo podemos escuchar la voz de Dios nuevamente. Dios es espíritu y se comunica con nosotros a través de nuestros espíritus renovados. Recuerda que somos seres tripartitos, tenemos un cuerpo, un alma y un espíritu. Nosotros nos comunicamos con las personas a través de las facultades de nuestro cuerpo humano, pero con Dios la comunicación tiene que ser de espíritu a espíritu.

"Dios es Espíritu; y los que le adoran, en espíritu y en verdad es necesario que adoren." (Juan 4:24).

Él nos habla primeramente a través de Su Palabra; pero a veces también a través del Espíritu Santo a nuestras conciencias, a través de circunstancias, y a través de otras personas. Al aplicar lo que escuchamos a la verdad de las Escrituras, podemos aprender a reconocer Su voz.

Es de suma importancia el aprender a discernir la voz del espíritu de Dios, porque existen tres voces, las cuales podemos percibir dentro de nuestro ser. La primera es la voz de Dios, la segunda es la voz nuestra y la tercera es la voz del diablo.

La voz de Dios la podemos escuchar de diferentes maneras, siendo una de ellas por medio de su Espíritu Santo. Muchas veces es solo una impresión fuerte dentro de tu ser, y otras veces un pasaje de la Biblia salta de entre las páginas y en ese momento tú sabes sin duda alguna que Dios te está hablando. También Dios habla de forma audible en ciertas ocasiones. Cada vez que Dios habla, tú puedes tener la certeza que es Él el que habla porque concuerda con la Biblia y sus preceptos.

"Mis ovejas oyen mi voz, y yo las conozco, y me siguen," (Juan 10:27).

La voz de Dios siempre trae paz, quietud y tranquilidad. Siempre está de acuerdo con la Palabra de Dios. Nos edifica, nos consuela y nos ayuda a superarnos en el bien. Esta voz proviene de lo más profundo de nuestro ser.

La voz de nuestro espíritu es nuestra consciencia y nos enseña a discernir entre el bien y el mal. El Espíritu Santo nos guía a través de la consciencia. Nuestra consciencia puede ser buena, débil o puede estar cauterizada.

La consciencia buena es aquella que está lista para obedecer a Dios. La débil se deja influenciar fácilmente y oye las acusaciones del enemigo contra ella. La persona que tiene su consciencia cauterizada es aquella que se encuentra indiferente al pecado que está cometiendo, sin sentirse avergonzado por su conducta y endurecen su corazón al punto de ignorar la voz de Dios. Es muy importante que nuestra consciencia esté limpia y buena, porque de esa manera oiremos mejor a Dios.

La voz del diablo es una voz que se escucha primordialmente en nuestras mentes. Esta voz trata de imitar la voz de Dios para engañarnos y llevarnos por el camino equivocado. Lamentablemente, muchas personas siguen esta voz erróneamente y terminan engañados porque no han examinado esta voz en relación a lo que se dice en la Palabra de Dios. Esta voz trae temor, ansiedad y preocupación, y a la misma vez pone presión a la persona para que haga algo que no está bien que haga.

En la Biblia tenemos casos de personas que, en su momento, no pudieron discernir la voz de Dios. Samuel escuchó la voz de Dios, pero no la reconoció hasta que fue instruido por Elí (1 Samuel 3:1-10). También Gedeón, quien había tenido una revelación física de Dios y aun así dudaba de lo que había escuchado, hasta el punto de pedir una señal, no una vez, sino tres veces (Jueces 6: 17-22 y 36-40).

Existen otras formas de que Dios habla hoy en día, tal como a través de los sueños, las visiones, los ángeles y la palabra profética.

¿Cómo podemos hacer para poder oír mejor la voz de Dios? Existen ciertas formas de desarrollo que nos ayudarán en el proceso de oír su voz. Déjame enumerártelas:

El ayuno y la oración. Adán perdió la habilidad de escuchar la voz de Dios por comer del fruto prohibido y no obedecer a Dios. Cuando nosotros escogemos no comer y obedecer, estamos invirtiendo totalmente esa acción y, en consecuencia; esto crea una gran sensibilidad en nuestros espíritus para escuchar la voz de Dios.

"Cuando ayunéis, no seáis austeros, como los hipócritas; porque ellos demudan sus rostros para mostrar a los hombres que ayunan; de cierto os digo que ya tienen su recompensa. Pero tú, cuando ayunes, unge tu cabeza y lava tu rostro, para no mostrar a los hombres que ayunas, sino

a tu Padre que está en secreto; y tu Padre que ve en lo secreto te recompensará en público." (Mateo 6:16 al 18).

Orar en el espíritu en lenguas. Cuando nosotros oramos en lenguas, la Biblia nos dice que nuestro espíritu se edifica. El sinónimo de edificar es construir o erigir. Cuando tú oras en lenguas, estás erigiendo o edificando tu espíritu lo cual te ayudará a escuchar la voz de Dios más claramente.

"Pero vosotros, amados, edificándoos sobre vuestra santísima fe, orando en el Espíritu Santo" (Judas 1:20).

Meditar en la Palabra de Dios. ¿Cómo es que se medita? Muy sencillo. Tomas un versículo o un pasaje de la Biblia y piensas en Él. A muchos les gusta tomar un pasaje de la Biblia y cantarlo.

"Nunca se apartará de tu boca este libro de la ley, sino que de día y de noche meditarás en él, para que guardes y hagas conforme a todo lo que en él está escrito; porque entonces harás prosperar tu camino, y todo te saldrá bien." (Josué 1:8).

Leer la Biblia en una forma consistente. Necesitas conocer el Espíritu de Dios para no ser engañado por el enemigo. La lectura de la Biblia te traerá la información precisa de quién es tu Padre Celestial, y podrás identificar fácilmente al impostor. A la misma vez, Dios utilizará este método para hablar a tu vida personal.

"Lámpara es a mis pies tu palabra, Y lumbrera a mi camino." (Salmo 119:105).

Dejarte llevar por la paz interna. Cuando estás en paz internamente, quiere decir que Dios está en control de tu espíritu y tu ser. En el momento que pierdas tu paz, ¡para! Examina tu corazón y determina qué ha sucedido que ha causado que hayas perdido la paz. Puede ser que el Espíritu Santo te esté guiando para que ores por algo o alguien, porque desea que hagas algo distinto o porque has cometido algún error que necesitas rectificarlo.

"la paz de Dios, que sobrepasa todo entendimiento, guardará vuestros corazones y vuestros pensamientos en Cristo Jesús." (Filipenses 4:7).

Estar dispuesto a obedecer inmediatamente. Vive tu vida con la actitud de obedecer a Dios instantáneamente que te diga que hagas algo. Muchos dejan de oír la voz de Dios, porque cuando Él les dice que hagan algo no lo hacen; y en consecuencia, esta acción de desobediencia les ha cortado la comunicación.

"Pues este es el amor a Dios, que guardemos sus mandamientos; y sus mandamientos no son gravosos." (1ra Juan 5:3).

Si desarrollas estos puntos, tendrás como resultado alcanzar la madurez espiritual necesaria para escuchar con claridad la voz de Dios.

"Porque todos los que son guiados por el Espíritu de Dios, éstos son hijos de Dios" (Romanos 8:14).

Hay ciertas cosas que nos impiden escuchar la voz claramente, siendo el pecado la primera de ellas. El pecado nos avergüenza y nos separa de Dios. La amargura es otra cosa que te impide escuchar a Dios, porque tu corazón está endurecido. El miedo a escuchar su voz, porque le tienes miedo a Dios, es otro impedimento grande y temes que otros piensen que eres un fanático religioso. El orgullo personal rompe la comunicación; el pensar que tú puedes manejar tu vida mejor de lo que Dios lo hace. Todo esto interrumpe tu relación con Dios.

Sugerencia: El libro titulado "Como oír a Dios", por Joyce Meyer.

ANOTACIONES

CAPÍTULO 18

¿Qué sucede al momento de la muerte?

Toda persona se ha hecho esta pregunta. ¿Qué sucede a la hora de nuestra muerte? Muchos, en algún momento de nuestras vidas, nos hemos planteado esta interrogante y la mayoría no ha sabido responder porque no han indagado lo que dice la Biblia al respecto.

¿Te has dado cuenta qué natural es para un niño el creer que hay vida después de la muerte? Después de que crece y se encuentra profundamente enredado en las redes del pecado, o tal vez en las distintas tareas de la vida, se encuentra dudando la vida después de la muerte. Pero aun así, una voz interior continúa susurrándole que existe algo más allá, y en la mayoría de los casos, la persona nunca puede escapar completamente de la voz de la conciencia que le advierte que este evento llegará a su vida tarde o temprano.

La Biblia nos ofrece pruebas de que existe la vida después de la muerte. Aunque la ciencia quiere negar la evidencia de la realidad de algún tipo de vida después de la muerte, es solo por revelación divina en la Palabra de Dios que tenemos el conocimiento definitivo acerca de la vida después de la muerte.

Jesucristo nos habló acerca de este tema. Vamos a comenzar por citar sus palabras acerca de la vida después de la muerte, dichas en el momento más horrible de su propia vida; durante su crucifixión. A un lado de Él estaban dos ladrones. Ambos también estaban siendo crucificados. Uno de ellos comenzó a burlarse, a pesar de estar en agonía. El otro ladrón había observado a Jesucristo, y viéndolo, supo en su corazón que Él era el verdadero Salvador del mundo y con gran humildad, le pidió que se recordara de él cuando entrara a su Reino. Jesús escuchó su súplica y con gran amor le respondió:

"De cierto te digo que hoy estarás conmigo en el paraíso" *(Lucas 23:43).*

La Biblia nos narra algunos de los eventos que tomaron lugar al momento que murió Jesucristo. Algunos maestros bíblicos enseñan que durante los tres días entre la crucifixión y resurrección de Jesús, Él descendió al seno de Abraham o Hades (que era el compartimiento donde los justos iban antes de la resurrección de Jesucristo); proclamó ante ellos el misterio del evangelio y luego los llevó al cielo para morar con Dios.

*"Porque también Cristo padeció una sola vez por los pecados, el justo por los injustos, para llevarnos a Dios, siendo a la verdad muerto en la carne, pero vivificado en espíritu; en el cual también fue y predicó a los espíritus encarcelados" (*1 Pedro 3:18, 19).

Basados en esta información que proviene de la Palabra de Dios determinamos que cuando Jesucristo dejó su cuerpo se encontraba consciente. Él hizo una promesa, a uno de los ladrones, de que en ese mismo día estaría con él en el Paraíso (o el Seno de Abraham). Podemos ver que Jesús fue al Seno de Abraham (o Hades en el Nuevo Testamento) y allí predicó a los espíritus en prisión. Es obvio que Jesús no pudo haber hecho estas cosas si hubiera estado en un estado de inconsciencia. La conclusión es que después de la muerte, el espíritu se encuentra consciente.

Cuando Jesucristo murió, Él descendió al Hades y ascendió con todos los justos al Tercer Cielo y, en consecuencia, ahora todos los hijos de Dios (que son los que han aceptado a Cristo como su Salvador) cuando mueren después de la resurrección de Jesucristo, son bienvenidos en el Cielo con Dios. Podemos comprobar este hecho en el relato de la muerte de Esteban, para quien, cuando los judíos lo apedrearon, los cielos se abrieron y él vio a Jesucristo sentado a la diestra del

Padre:

"Pero Esteban, lleno del Espíritu Santo, puestos los ojos en el cielo, vio la gloria de Dios, y a Jesús que estaba a la diestra de Dios, y dijo: He aquí, veo los cielos abiertos, y al Hijo del Hombre que está a la diestra de Dios." (Hechos 7:55,56).

En otra ocasión, los Saduceos le hicieron una pregunta a Jesucristo. Estos eran los materialistas del día. No creían en ángeles, espíritus ni resurrección. Tenían deseos de atrapar a Jesucristo con sus propias palabras, e inventaron una historia acerca de siete hermanos y una esposa. De acuerdo con la ley de Moisés, si un hermano moría, la esposa tenía que casarse con el hermano que lo sobreviviese. En esta historia dijeron que los siete hermanos se llegaron a casar con ella, porque ella enviudó de cada uno de ellos y ellos querían saber cuál de los hermanos sería el verdadero esposo en la resurrección. Leamos la respuesta que les dio Jesucristo:

"Porque cuando resuciten de los muertos, ni se casarán ni se darán en casamiento, sino serán como los ángeles que están en los cielos. Pero respecto a que los muertos resucitan, ¿no habéis leído en el libro de Moisés cómo le habló Dios en la zarza, diciendo: Yo soy el Dios de Abraham, el Dios de Isaac y el Dios de Jacob? Dios no es Dios de muertos, sino Dios de vivos; así que vosotros mucho erráis." (Marcos 12:25 al 27).

¿Qué era lo que quería decir Jesucristo?

Primeramente, le explicó la diferencia que existe después de la resurrección; y lo otro era que ¡Abraham, Isaac y Jacob estaban vivos y conscientes!

En otra ocasión, Jesucristo narró una historia acerca de Lázaro y un rico. En esta historia tenemos una de las pruebas más evidentes de que existe vida después de la muerte *(Lucas 16:19 al 31)*. Lázaro era un mendigo y se sentaba en la puerta de la casa del hombre rico, suplicando migajas, mientras el rico hacía banquetes y no tenía misericordia de él. Ambos murieron. El hombre rico tuvo un entierro posiblemente a todo lujo, no se sabe acerca del pobre Lázaro.

Hasta este punto, Jesús está relatando un evento que no tiene, aparentemente, ninguna importancia. Sin embargo, la importancia radica en el hecho de que Jesús continúa la narración más allá de donde nosotros tenemos conocimiento. Al hacerlo, Él revela lo que sucede cuando una persona muere. Él retira el misterio de la muerte y nos muestra que este evento no marcó el final de ninguno de los dos.

En el momento en que Lázaro murió, los ángeles lo recibieron y lo llevaron al paraíso. Esto no debe sorprendernos porque la Biblia nos dice, en el Salmo 91:11, que Él envía a sus ángeles a cuidarnos. Es algo maravilloso saber que en el momento de la muerte de los justos, los ángeles están presentes y nos acompañarán hasta el lugar que nos corresponde. Pero nada dijo acerca de los ángeles asistiendo al hombre rico en la hora de su muerte. Lázaro fue conducido a la parte donde estaban los justos, mientras que el hombre rico fue a un sitio de tortura.

Jesucristo nos explica que ambos estaban conscientes después de la muerte. Podían hablar, escuchar, ver, experimentar dolor o placer, tenían todas las facultades de sus recuerdos, y estaban totalmente conscientes de los eventos que estaban ocurriendo en la tierra.

En este lugar, el hombre rico se encontraba sediento, atormentado y sufriendo y no quería que sus hermanos viniesen a donde él se encontraba. Desgraciadamente, ya era muy tarde para remediar la situación del hombre rico y éste no podía comunicarse con sus hermanos. La Biblia nos dice que había un gran abismo entre el lugar donde se encontraba Lázaro y el lugar donde estaba el hombre rico. Ambos estaban totalmente conscientes: uno sufriendo y el otro siendo consolado.

Hubo otra ocasión en la cual Jesús estaba orando cuando su rostro resplandeció y su ropa se iluminó de un blanco como la luz. Nosotros nos referimos a este evento como la Transfiguración. En ese momento, dos Santos del Antiguo Testamento se aparecen ante Jesucristo y sus discípulos. Eran Moisés y Elías. Ellos se hallaban muy conscientes y capaces de conversar con Jesucristo acerca de su futura muerte en el Calvario. Esto no hubiese sido posible si sus espiritus hubiesen estado muertos.

La Biblia también nos habla de la resurrección del cuerpo. Este es un evento que tomará lugar en el futuro. Cuando Jesucristo resucitó, su cuerpo era distinto, glorificado. Un día nuestros cuerpos físicos serán resucitados y tendremos, al igual que Jesucristo, un cuerpo glorificado.

Muchas personas se preguntan qué sucede con los niños que mueren. Nuevamente, Jesucristo nos reveló su gran amor hacia los pequeños y nos dejó saber que el Reino de los Cielos pertenece a los niños.

"Pero Jesús dijo: Dejad a los niños venir a mí, y no se lo impidáis; porque de los tales es el reino de los cielos." *Mateo 19:14.*

No solo nos dejó saber que el Reino de los Cielos le pertenece a los niños, sino que los ángeles de los niños se encuentran cuidándolos y afirma que estos los protegen.

"Mirad que no menospreciéis a uno de estos pequeños; porque os digo que sus ángeles en los cielos ven siempre el rostro de mi Padre que está en los cielos." (Mateo 18:10).

No todo adulto que muere irá al cielo con Jesucristo. Aquellos que no creen en el sacrificio de Jesucristo y han endurecido sus corazones irán a otro sitio, el lugar que fue reservado para Satanás y sus ángeles, el lugar destinado para los rebeldes.

"Y el que no se halló inscrito en el libro de la vida fue lanzado al lago de fuego." (Apocalipsis 20:15).

Yo conozco a una señora hace más de 30 años tuvo una experiencia donde le inyectaron penicilina (sin saber que ella era alérgica a esta medicina) y murió instantáneamente. Ella cuenta que inmediatamente estuvo en la Presencia de Dios, y le pidió a Jesucristo que le permitiera regresar, ya que ella tenía dos niñitas pequeñas que criar. Jesucristo le obsequió su petición, y la señora resucitó después de estar muerta por largo rato. En estos tiempos, se escuchan más y más casos como este, debido al avance de la medicina.

Sugerencia: Para más información en detalle acerca de este tema, te recomiendo el libro de Gordon Lindsay titulado "La Vida después de la Muerte".

ANOTACIONES

Una oración por ti

No ceso de dar gracia a Dios por ti, pidiéndole que te dé sabiduría espiritual que crezcas en el conocimiento de Dios y que te inunde de luz el corazón para que puedas entender la esperanza segura que Él ha dado a los que llamó.

Pido Al Padre Celestial que Cristo viva en ti por la fe, que su amor sea la raíz y el cimiento de tu vida y que puedas comprender, junto con todos los santos, cuán ancho y largo, alto y profundo es el amor de Cristo hacia ti.

Mi petición es que lo puedas conocer plenamente de manera que seas lleno de la plenitud de Dios.

¡Prosigue a la meta a la cual Él te ha llamado!

Bendiciones,

Cary Palmon

Acerca de la Autora

Cary Palmón nació en La Habana, Cuba. Años después, su familia se trasladó a Tulsa, Oklahoma, después del trágico asesinato de su padre. Este horrible evento causó un terrible daño en su ser, pero en el año 1973 Cary tuvo un encuentro sobrenatural con Jesucristo, el cual transformó su vida y sanó las heridas de su corazón.

En el año 1982 comenzó su trayectoria ministerial como Pastora, siendo fundadora de la Iglesia Naciones Unidas en Cristo. Su labor se ha expandido a la televisión y la radio, trayendo la respuesta y solución bíblica a los problemas de la vida.

Cary es conferencista internacional y también es la autora de varios libros. Ella es una voz de esperanza que llega al herido, al menospreciado, al alcohólico, al indefenso, al adicto, y en fin, a todo aquel que sufre y necesita consuelo.

Si deseas comunicarte con la autora, puedes escribirle a la siguiente dirección:

Cary Palmón
P.O. Box 54723
Tulsa, Ok 74155
USA

Te invitamos a visitar su página web:
www.carypalmon.org

Libros publicados por Cary Palmón:
Del Fracaso al Triunfo.
Conflictos del Corazón.
Evidencia y Veredicto.
Principios para una Vida Victoriosa.
Obsesión o Posesión.
Seeds of Destiny.

Made in the USA
Middletown, DE
17 July 2019